아직도 가끔 아프다

아직도 가끔 아프다
끝내 지워지지 않는 마음에 대하여

초 판 1쇄 2025년 11월 17일

지은이 이화정
펴낸이 류종렬

펴낸곳 미다스북스
본부장 임종익
편집장 이다경, 김가영
디자인 임인영, 윤가희
책임진행 이예나, 김요섭, 안채원, 김은진, 국소리

등록 2001년 3월 21일 제2001-000040호
주소 서울시 마포구 양화로 133 서교타워 711호
전화 02) 322-7802~3
팩스 02) 6007-1845
블로그 http://blog.naver.com/midasbooks
전자주소 midasbooks@hanmail.net
페이스북 https://www.facebook.com/midasbooks425
인스타그램 https://www.instagram.com/midasbooks

© 이화정, 미다스북스 2025, *Printed in Korea*.

ISBN 979-11-7355-588-6 03810

값 19,000원

※ 파본은 구입하신 서점에서 교환해드립니다.
※ 이 책에 실린 모든 콘텐츠는 미다스북스가 저작권자와의 계약에 따라 발행한 것이므로 인용하시거나 참고하실 경우 반드시 본사의 허락을 받으셔야 합니다.

미다스북스는 다음세대에게 필요한 지혜와 교양을 생각합니다.

아직도 가끔 아프다

끝내 지워지지 않는
마음에 대하여

이화정

미다스북스

007 프롤로그

하나
아직 사라지지 않은 마음들
013 청소만 하던 시기
017 덜 아픈 줄 알았던 날들
022 비 오는 날, 실내에서
026 향으로 상처를 가리던 날
029 향이 만든 거리
034 냄새로 기억한 사람
039 마스크 속의 울음
044 물속의 울음
048 편이 필요 없는 순간
052 몸이 먼저 반응한 날들
055 나를 안아주는 연습
059 그리고도 남은 것들
063 '잘 지내?'라는 말에 대하여

둘
가끔 되살아나는 순간
069 비 오는 날의 괜찮음
073 빛 쪽으로 유리잔을 밀었다
076 익숙해질 즈음, 떠나는 계절
079 밤에만 떠오르는 이름들
083 물이 끓는 동안
085 가끔은 나도 나를 못 견딘다
088 '잘 지내?'라는 말에 대하여

셋
아프다 끝내 견디다
095 사랑은 결국, 혼잣말로 끝났다
098 다정함의 잔인함
102 달력 바깥의 기념일
104 무심한 얼굴로 하루를 견디는 법
109 잊는다는 건 모른 척하는 일이다
113 끝이라는 말 대신 등을 돌렸다
115 기다림은 감정이 끝나지 않았다는 증거
117 그때의 나를 기다렸다
119 가만히 있었고, 그것으로 충분했다
122 사라진 대답들
125 마음이 닿지 못한 거리
127 더 이상 그 이야기에 참석하지 않기로 했다
129 '잘 지내?'라는 말에 대하여

넷
몸이 먼저 기억한 아픔

- 135 눈보다 귀가 먼저 떨렸다
- 137 굳어진 어깨가 먼저 알았다
- 139 움츠러든 손끝
- 141 익숙해져선 안 될 익숙함
- 143 덜 아프기 위한 선택
- 145 끝까지 괜찮은 사람이 되고 싶었다
- 147 몸이 먼저 안다
- 149 '잘 지내?'라는 말에 대하여

다섯
흔들려도 무너짐 없는 밤

- 155 울지 않는 밤들
- 157 말 대신 남긴 것들
- 159 감정의 끝에서
- 161 기대하지 않게 되기까지
- 163 마음의 끝에는 무늬가 남는다
- 165 무게를 나누는 일
- 167 모른 척하고 싶던 밤
- 169 밤은 결국 지나갔다
- 171 무뎌진 줄만 알았다
- 174 유난스럽지 않은 고백
- 177 내가 나를 안아야 하는 밤
- 179 '잘 지내?'라는 말에 대하여

여섯
사라지는 사람들, 남겨진 마음

- 187 손을 놓는 연습
- 190 붙잡지 않고 바라보는 법
- 192 아주 느린 이별
- 195 줄어든 대화와 마음
- 197 조용한 거리 두기
- 199 흘려 보내는 일
- 201 마음은 먼저 알았다
- 203 이상할 것 없는 날의 기록
- 205 끝내 나란히 걷지 못한 길
- 208 이제는 붙잡지 않는다
- 211 '잘 지내?'라는 말에 대하여

일곱
아직도 가끔 아프다

217 마음이 마를 때
220 무해해지기 위한 연습
224 이름 붙이지 못한 감정들
227 그저 지나가도록 두는 연습
230 아직 머무는 마음
233 아무 일도 없던 날처럼
236 감정의 저편
241 비워진 자리 위에, 다시
245 아무 일도 일어나지 않은 하루
248 '잘 지내?'라는 말에 대하여

254 **에필로그**

프롤로그

아직도
가끔
아프다

사람들은
지나간 이야기를 오래 품지 말라 한다.
덮고 잊고 새로이 나아가야 한다고.
슬픔은 제때 정리되어야 하고
기억은 흐릿해져야 한다고.

하지만 어떤 감정은
기억보다 오래 남는다.
말보다 조용하게
흉터보다 은밀하게
몸 안 어딘가에
말없이 웅크린다.

완전히 끝난 줄 알았던 마음
어느 날 문득
익숙한 냄새 하나에
조용히 무너진다.
이유도 없이
설명할 수 없는 방식으로
다시 떠오른다.

그건 아직 정리되지 않은 아픔.
이해 받지 못한 마음.
제때 꺼내지 못한 말.
묻어두었다고 믿었던 감정.
사라지지 않았고
버려지지도 않은 마음.

이 글은
그런 마음을 위해 쓰였다.
조금씩 잊힌 감정이 아니라
아직도 가끔 아픈 감정들.
그 감정들이 설명되지 않아도
이 자리에 머물 수 있도록.

끝나지 않은 마음을 위해.
사라지지 않았지만
지나가고 있는 모든 것들을
한 번쯤 붙잡기 위해.

마음을 꺼내는 대신
이야기를 꺼낸다.
사랑이 지나간 자리
말이 머뭇거렸던 순간
그 모든 조용했던 장면들 안에서
조금씩, 다시 살아나는 마음을 위해.

하나

아직 사라지지
않은 마음들

정말 괜찮았던 날이
과연 있었을까.
끝까지 남아 있던 건
말하지 못한 마음.

청소만 하던 시기

지저분했던 건 방이 아니었다.
마음이었다.

눈에 보이는 먼지가 아니었다.
보이지 않는 침묵이었다.
더 깊이 더 끈질기게 쌓여 있었다.

말하지 않았다.
울지도 않았다.

닦았다.
쓸었다.
헝겊을 비틀어 손톱 밑 먼지를 밀어냈다.

누가 건드리기만 해도 무너질 것 같던 날들.
감정을 붙잡을 자신이 없을수록
집안을 쓸고 닦았다.
욕실 타일 사이.

싱크대 배수구.
선반 모서리.
벽 틈.
창틀.
전등 스위치.

아무도 보지 못한 내 감정을
그런 틈새마다 숨겼다.
눈에 띄지 않는 곳일수록
더 오래 머물 수 있을 것 같았다.

말하면 무너질 것 같았다.
말하지 않았다.

물걸레를 비틀었다.
세제를 부었다.
기억을 닦아냈다.

하루에도 몇 번씩 바닥을 밀었다.
유리를 닦았다.
수건을 삶았다.

닦고 또 닦았다.
슬픔도 얼룩처럼 지워질 줄 알았다.
슬픔은 지워지지 않았다.
냄새처럼 남았다.
보이지 않아도 방 안에 가득 퍼졌다.
천장과 바닥 사이를 조심스레 떠다녔다.

숨 쉴 때마다 몸 안으로 들어왔다.
말없이 몸을 눌렀다.

그 시기를 지나고 나서야 보였다.
너무 깨끗해 보였던 그 집.
아무 얼룩도 먼지도 없어 보였던 그 공간.

그 집이 가장 지저분했던 나를 숨기고 있었다.

침묵은 정리된 말이 아니었다.
말이 터지기 직전의 무게였다.

그때의 나는 아무 말도 하지 않았다.
단지 닦고 있었다.

닦는다는 건 버티는 방식이었다.
지워지지 않을 것을 지우는 척하며
스스로를 놓치지 않으려 애썼다.

가장 고요하게.
가장 완강하게.
스스로를 보호하던 시기.

손이 움직이는 동안 마음은 멈춰 있었다.
그 멈춤이 울음을 대신해 하루를 끝까지 있게 했다.

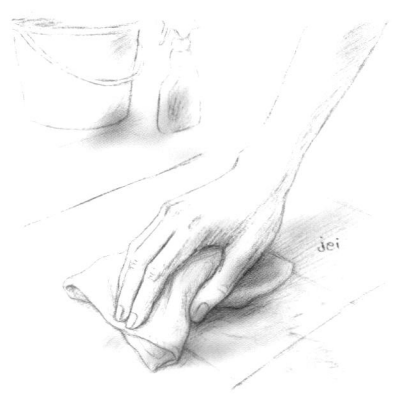

덜 아픈 줄 알았던 날들

누군가 밥을 굶으면
내가 더 배가 고팠다.

누군가 힘들다고 말하면
내 아픔은 다치지 않게 뒤로 밀렸다.

다 말하지 않아도
내가 먼저 들고 갔다.
그 사람의 짐처럼
그 사람의 표정처럼

나는 그렇게
스스로를 조금씩 지웠다.
내 아픔보다
누군가의 고단함이 먼저였고
내 감정보다
상대의 기분이 앞섰다.

사람들에게 잘 보이면
덜 외로울 줄 알았다.
조금은
덜 고장 난 사람처럼 보일 줄도 알았다.

모서리를 다듬고
목소리를 낮추고
눈빛을 먼저 맞췄다.

나를 줄이면
사람이 남을 줄 알았다.
내 자리를 줄이면
사람의 마음이 채워질 줄 알았다.

실은 나였다.
챙김을 받고 싶었던 사람.
누구에게든
단 한 번이라도
계산 없는 목소리로
괜찮냐는 질문을
듣고 싶었던 사람.

묻지 않는 사람들 사이에서
나는 늘 먼저 물었고
먼저 웃었고
먼저 젖었다.

먼저 안부를 묻는 일이 많아질수록
내 안의 마음은 점점 더
아무도 돌보지 않는 자식처럼
외로움 속에서 자라났다.
소리 없이
불평 없이
그러다 미세하게 지쳐갔다.

문득
나는 깨달았다.
모든 다정이
반드시 내 몫일 필요는 없다는 것을.

그날부터
조금씩 줄이기 시작했다.

내가 먼저 연락하는 걸.
내가 먼저 웃는 걸.
내가 먼저 젖는 걸.

비워두고 채워 넣던
그 낡은 방식들을
하나씩 내려놓았다.

잊히는 것이 아니라
나를 조금 더
내게 돌려주는 방식이었다.

기억에서 사라지는 게 아니라
존재만 두고 나로 돌아오는 길이었다.

그제야
마음 한편이 낮아졌고, 그대로 멈췄다.

가장 고요하게
나를 기다리고 있던 쪽으로
조금씩

돌아가고 있었다.

비 오는 날, 실내에서

밖에서는 비가 왔다.
실내는 고요했다.
나는 그 안에 있었다.
혼자이거나
아주 좋아하는 사람과 단둘이었다.
말하지 않아도 편안한 사람.
조용함이 불편하지 않은 거리.

비는 낮게 떨어졌다.
천천히
가라앉듯.

창문에 부딪히는 소리.
멀리서 지나가는 차 소리.
방안 어딘가
옷 소매가 스치는 기척.

모든 소리가 다정하게 들렸다.

목소리를 빼고도
감정이 전해지는 날.

무언가를 말하지 않아도
이미 말이 되어 있었다.

후각과 청각이 예민했던 나는
그런 날이면
말보다 냄새와 소리로 재림했다.

젖은 흙냄새가 창틈으로 스며들었다.
커피가 내려가는 소리.
탁자에 닿는 도자기 잔의 진동.
가만히 흐르는 빗방울.

한 문장도 쓰지 않았지만
마음이 조용히 쓰여 내려갔다.
어디에도 기록되지 않았지만
지워지지 않았다.

시간은 느리게 흘렀다.

느낌은 선명했고
기억은 고요히 감싸며 그 자리에 앉았다.

비 오는 날
실내에 있는 일이 좋았다.

멀리 가지 않아도
충분히 가까워지는 날.
조금만 옆에 있어도
마음에 닿는 거리.
누군가와 함께여도 조용했고
혼자 있어도 외롭지 않았다.

말을 건네지 않아도
감정이 흐트러지지 않는 온도.
나의 속도대로 숨 쉴 수 있는 자리.

비 오는 날의 실내.
내가 나와 가장 가까워지는 순간.
누군가와 함께여도
가장 나다워질 수 있는 시간.

세상이 흐릿해질수록
내 감각은 또렷해졌다.
누군가의 눈을 보지 않아도
마음은 옆에 놓였다.

그런 시간들을
나는 오래 사랑해왔다.

창밖은 여전히 비.
실내는 여전히 나.

향으로 상처를 가리던 날

화장은 하지 않았다.
꾸미는 일엔 서툴렀다.
무엇을 숨기려고
얼굴을 바꾸는 방식은 내 것이 아니었다.

감정을 덮지 않았고
표정을 흐리지 않았다.
대신 향을 골랐다.

아무 말도 하지 않던 날들 위에
묵은 냄새를 살짝 겹쳐 두었다.

비가 그친 마당에서 올라오던 젖은 흙 냄새,
햇빛이 닿지 않는 숲 바닥에 눌려 있던 그늘 냄새,
누가 오간 적 없는 방 안에 오래 고여 있던 나무 냄새.

나는 그런 냄새를 두르고
하루를 숨결만 남긴 채 버텼다.

향은 감정을 대신하지 못했지만
조금은 덜 드러나게 했다.

향은 묻지 않았고
위로하려 들지도 않았다.
그저 옆에 머물렀다.

아무도 내 얼굴의 기색을 보지 못하던 날들,
걸음의 맥조차 읽지 못하는 사람들 사이에서
그 냄새만은
내 안의 균열을 알아채는 것처럼 조용히 따라왔다.

모든 감정이 무겁던 날,
말이 빠르게 닳아 사라지던 날,
나는 향수를 먼저 눌렀다.
숨보다 향이 먼저 방 안을 채웠다.

그 시기를 지나며 나는
감정을 숨기기보다
기억을 붙잡기 위해 향을 뿌리고 있었다.

어떤 향은 한 계절을 그대로 데려왔고
어떤 향은 말하지 못한 내 마음을
정적 속에서 들여다보고 있었다.

향이 만든 거리

사람이 어떤 향수를 고르는지를 보면
그 사람의 마음결이 비친다.

섬세한 이의 숨결은 조용하다.
자신을 감추고 싶은 이들은
더 진하고 오래 남는 향을 택한다.

향기는 마음의 무늬처럼
겉보다 먼저 다가온다.
가장 솔직하게 스며들고
가장 천천히 빠져나간다.

말보다 먼저 도착하고
기억보다 오래 남는다.

나는 향수보다
사람의 냄새를 더 오래 기억했다.

샴푸 냄새
따뜻한 살결
말할 때마다 흘러나오던 숨.
옷깃이 스치며 남기고 간
사적인 온도.

그 모든 냄새가
진심처럼 느껴졌다.
진심은
항상 냄새로 먼저 다가왔다.
말보다 가까웠고
표정보다 정확했다.

마음은 자주 흔들렸다.
자주 다쳤다.

무언가 닿기도 전에
감정은 이미 스며들었고
나는
그 감정이 지나간 자리를
늘 한참 뒤늦게 알았다.

그 무렵부터
나는 마스크를 쓰기 시작했다.

바이러스도 먼지도 없던 시절
사람의 온기를 피하고 싶었던 때.

냄새를 맡는 일조차
감정이 묻는 일처럼 느껴졌다.
기억이 스며드는 일 같았다.
그 무엇도 들이지 않기 위해
입과 코를 가렸다.

마스크는 벽이었다.
감정이 들어오는 속도를 늦추는 장치
사람의 향이 내 감정에 닿지 못하게
거리를 확보하는 얇고 단단한 장막.

좋아하는 사람이 곁에 있어도
숨결이 닿지 않았다.
마음은 덜 움직였다.

말하지 않아도 괜찮았다.
웃지 않아도 이상하지 않았다.
무표정으로 걸어도
아무도 묻지 않았다.

천 조각 하나가
감정의 진입로를 막아주었고
그 덕에
내 안을 덜 잃어버릴 수 있었다.

사람과 사람 사이의 거리를
말보다 향으로 먼저 가늠했던 나는
마스크를 가장 먼저 택한 사람이었다.

감정이 묻을까 두려워
숨을 가리고 걷던 사람.
향의 거리를 미리 재던 사람.

누군가는 나를
조용한 사람이라 불렀다.
냄새에 민감한 사람이라 했고

예민하다고 말했다.

나는 다만
지나치게 가까운 거리에서
향이라는 이름으로 다가오는 감정들이
버거웠던 시기를
조용히 통과하는 중이었다.

향을 지운 게 아니었다.
향이 닿는 속도를
잠시 늦춘 것이었다.

향의 거리는 곧
감정의 거리였다.
그 거리 안에서
나는 오래도록
숨을 고르고 있었다.

냄새로 기억한 사람

사람을
냄새로 기억했다.

이름은 잊혔고
얼굴은 흐려졌지만
향은 오래 남았다.

말보다 천천히
눈빛보다 깊게
내 안에 스며들었다.

어떤 재림은
장면보다 냄새가 먼저 도착했다.
그 사람의 말보다
그 사람의 체온보다
그 사람이 남긴 냄새가
먼저 내 넋을 흔들었다.

비 오는 날의
흙냄새 같은 사람이 있었다.

묵직했고
조용했다.
말을 하지 않아도
마음이 젖었다.

바닥으로 천천히 가라앉는 잔향처럼
그 사람은 내 안에
소리 없이 내려앉았다.

그 감정은
시간보다 무거웠고
생각보다 오래 머물렀다.

오래된 나무 냄새가 나는 사람도 있었다.

따뜻했고
그 따뜻함은
오히려 멀어지는 예감이었다.

따스함이 지속될수록
손끝에
마른 나뭇결이 스쳐갔다.

닿은 줄 알았던 마음
사실은 닿지 못한 채
조용히 사라지고 있었다.

지워지지 않는 냄새를 남긴 사람도 있었다.
계절처럼 다가왔다.
예고 없이
등을 돌렸다.
기억보다
감정보다
냄새가 더 오래 남았다.

향이 다시 떠오르면
나는
아무렇지 않은 척했다.

속으로

미동도 없이 무너졌다.

말하지 않아도
이해되는 순간들이 있다.
냄새는
그런 순간을 먼저 데려왔다.
나는 그런 식으로
기억했다.

향으로
감정으로
몸으로

냄새는
가공되지 않은 진심이었다.

단순한 취향이 아니었다.
누군가의 존재가 남긴
가장 조용한 흔적이었다.
지워지지 않았다.
지워질 수 없었다.

그 사람은
사라졌다.
그 냄새는
여전히
나를 무너뜨릴 줄 알았다.

아무도 모르는 순간
숨을 들이마시는 찰나
그 사람은
다시
내 안으로 들어왔다.

마스크 속의 울음

얼굴이 보이지 않는다는 건
얼굴을 가릴 수 있다는 뜻이기도 했다.

마스크를 쓴 건
감염 때문만은 아니었다.

그 시절의 나는
무언가를 덮고 있었다.
마음의 결
흔들리는 감정.
입꼬리의 떨림
그 모든 것을.

들키지 않아 다행이라 생각했다.
들키지 않는 게 당연한 줄 알았다.

숨을 골랐다.
표정을 지우는 연습을 했다.

말보다 호흡이 먼저였다.
감정보다 침묵이 앞섰다.

무언가 흔들릴 때마다
입을 다물었다.
손은 가만히 주먹을 쥐었다.
한 움큼의 떨림을
피부 아래 눌러뒀다.
마스크는
아무 말도 묻지 않았다.
기분이 어떤지
요즘은 어떤지
누구도 묻지 않았다.

표정을 보지 않아도 되는 풍경.
침묵이 허락되는 얼굴.
그것은 편했다.

무언가를 설명하지 않아도 되었다.
말하지 않아도
모두가 대수롭지 않게 넘어갔다.

어딘가에서
내가 사라진 것 같았다.

그것이 편안함인지
소멸인지
한동안 알지 못했다.

한 번도 울지 않은 얼굴이
그 안에서
몇 번이고 무너졌다.
울음은 들리지 않았다.
눈물도 흐르지 않았다.
입술이 떨렸다.
속이 내색하지 않고 울렸다.
아무도 알지 못한 채.
나조차 외면한 채.
숨을 쉬는 척
괜찮은 척
그때의 나는
그런 식으로
자신을 지우는 중이었다.

표정이 필요 없는 얼굴.
말을 감춘 목소리.
안부를 건넬 수 없는 거리.

모든 것을 덮은 천 조각 하나가
그 시절 내 흔적을 대신 숨겨주었다.
살기 위해 썼다.
그 안에서 나는
조금씩 사라지고 있었다.

이름 없이 지워지는 감정들.
눈앞에 있어도 닿지 않는 거리.
마스크 속에서
나는
자신에게조차 멀어진 채
울고 있었다.

하나, 아직 사라지지 않은 마음들

물속의 울음

나는 울지 않는 사람처럼 보였다.
웃는 얼굴로, 조용히 버티는 사람.
표정에 깃든 무너짐의 순간을 들킨 적 없었고
대부분의 관계는 그 위에서만 맴돌았다.
얕은 수면 위를 스쳐가는 물결처럼
다들 그 표면만 보고 지나갔다.

너도 그렇게 믿었을 것이다.
끝까지 혼자 감당하는 데 익숙한 사람.
속이 단단한 사람.
상처는 금세 아물 사람.
그 믿음이 편했을지 모른다.
너에게도, 나에게도.

나는 잘 울지 않는다.
정확히는 사람들 앞에서 울지 않는다.
흘러내리는 감정보다
감추는 방법을 먼저 배운 사람.

대충 웃고
적당히 넘기고
조금씩 침묵하는 쪽이 익숙했다.
형체만 남은 다짐 하나에 몸을 기대고 서 있는 일.
그것이 나를 지키는 유일한 방식이었다.
누구에게도
너무 오래 기대지 않게 된 이유였다.

그날 이후로 가끔 떠올랐다.
네가 정말 몰랐던 건지.
알면서도 외면한 건지.
어느 쪽이든
이제는 중요하지 않았다.
그럼에도 여전히
기억 속에서 피어나는 날이 있었다.

묻고 싶지 않았다.
답은 상처를 더 깊게 만들었으니까.
대답이 주어지는 순간
감정은 모양을 갖추었고
그 모양은

늘 내가 원하지 않은 것이었다.

가끔은
그 시절의 나에게만 미안했다.
모든 순간을 혼자 견디게 한 일.
혼자 울게 한 일.
목소리조차 삼켜야 했던 날들.
흘러나감을 부끄러워하던 시절.
흘러나가면 무너질까 두려웠던 시절.
사람들은
나를 울지 않는 사람으로 기억하겠지.
너도 그러하겠지.
늘 괜찮아 보였던 얼굴.
늘 넘기던 말투.
늘 먼저 웃던 표정.

억울했다.
아무도 몰랐다는 사실이.
내가 얼마나 자주
떨림 하나 없이 무너졌는지.
얼마나 오래

소리 없는 울음을 안고 살았는지.
그 무게가
얼마나 깊이 나를 깎아냈는지.

아무도 보지 못했다는 사실.
그것이
내가 그토록 조용했던 이유였다.

편이 필요 없는 순간

억울하다고 느끼는 것도 애매했다.
무엇을 잘못했는지 알 수 없었다.
무슨 실수를 했는지 기억나지 않았다.
내 말투나 표정,
기억하지 못한 순간들 속에서
무언가 어긋났던 것 같았다.

하나씩 이렇다 할 소리도 없이 사라졌다.
누구도 직접 상처를 내지는 않았다.
조금씩, 서서히
나를 중심으로 사람들이 흩어졌다.

"왜 이렇게까지 됐어?"
묻는 사람은 없었다.

"그건 네 잘못이 아니야."
그 말도 끝내 들을 수 없었다.
기대하지도 않았다.

기대할 수 없다는 걸 일찍 배웠다.

점점 조용해졌다.
입을 닫았다.
감정을 줄였다.
상처를 설명하지 않았다.

누군가 이해해줄 거라는 기대 없이 말을 줄였다.
서운하다는 말도,
무시당했다는 말도 꺼내지 않았다.
괜찮지 않다는 뜻이었고
살짝만 틈을 보이면 감정이 무너질 것 같았다.

내 편이 없는 상태가 오래 지속됐다.
처음엔 막막했다.
그다음엔 서글펐고
나중엔 아무렇지 않았다.

어느 순간 편이 필요 없는 사람이 되었다.
무서운 건 그게 생각보다 금세 편해졌다는 사실이었다.

이해 받지 않아도 괜찮았다.
누군가 내 마음을 옹호하지 않아도 상처받지 않았다.
혼자라는 감각에 익숙해졌다.

편이 필요 없다는 말은
누군가를 향한 선언이 아니었다.
나를 향해 다짐처럼 붙여둔 태도였다.

말을 아꼈다.
눈치를 먼저 봤다.
기댈 자리를 처음부터 만들지 않았다.

그건 성숙이 아니었다.
포기도 아니었다.

편이 필요 없다는 마음에 익숙해졌다.
기대하지 않음으로써
무너지지 않는 방식을 천천히, 조용히 배워갔다.

하나. 아직 사라지지 않은 마음들

몸이 먼저 반응한 날들

숨을 삼킨 채
시간까지 멈춘 듯 지나간 날이 있었다.
아무 말도 하지 않았다.
표정도 내색하지 않았다.

조금 더 오래 버텨보자는 마음 하나.
그 하나로 하루를 버텼다.

무사하다는 말을 몇 번이고 반복했다.
말이 입에 붙을수록
몸은 조용히 그 무사함을 무너뜨렸다.

입 안이 헐었다.
밤마다 속이 뒤틀렸다.
가만히 있다가 어느 순간
손끝이 저리고 머리가 멍해졌다.

괜찮다고 말한 지 몇 시간 뒤

혼자 주방 바닥에 쪼그리고 앉아 있었다.
불도 켜지 않은 채 찬 바닥에 등을 기대고
아무 말 없이 그 자리에 있었다.

말이 없던 만큼 몸이 나 대신 아팠다.
눈물이 나지 않아도 속이 울컥거렸다.
말문이 막혀도 목은 단단히 잠겼다.
숨은 고르지 않았고 배는 굳어 있었다.

몸이 자꾸 나를 지켜주려 했다.
무너짐 앞에, 망가짐 앞에
몸이 먼저 나를 감쌌다.
아무렇지 않은 척 침묵을 유지할 때
몸은 메아리도 없이 나를 말렸다.

소리 없이 흘러가게 해주는 것.
말보다 먼저 파도처럼 흔들려주는 것.

감정보다 먼저 반응하는 몸.
그 몸이 가장 오래 나를 안아주었다.
아무도 보지 않는 자리에서

말보다 정확하게 고통을 기억해주었다.

그 몸에게 오랫동안 기대어 있었다.
살기 위해 무너지지 않기 위해
말 대신 몸으로 버티는 법을 배워가던 날들이었다.

그 몸이 내 마지막 울음이었다.
침묵의 얼굴을 한 내 가장 깊은 감정이었다.

나를 안아주는 연습

나를 달래는 법을
아주 오래 모르고 살았다.

힘들다고 말하지 않았다.
도움을 청하지도 않았다.
말을 아끼는 쪽보다
발소리조차 내지 않고 사라지는 쪽을 택했다.

누군가 조금만 안아줬으면 좋겠다고
생각한 적 많았다.
어깨나 등을 가볍게 쓰다듬어주는 손.
그 손이 말보다 더 필요했던 날들.

정작 품을 내어주는 일엔 서툴렀다.
타인의 품도 내 품도 낯설었다.

기댈 줄 모르면서 기대를 원했다.
안기는 법도 모르면서 안아주길 바랐다.

아무도 없는 방 안.
작은 고요를 껴안고 앉아 있다가
문득 깨달았다.

아무도 없을 때
나를 안아주는 건 결국 나라는 걸.

그날 이후 조금씩 연습을 했다.

좋아하는 냄새를 가만히 들이마셨다.
따뜻한 차를 입 안에 머금었다.
낡은 담요를 꺼내 무릎 위에 펼쳤다.
무게가 느껴지는 이불을 덮었다.
나만 아는 음악을 낮은 볼륨으로 틀어두었다.

그 모든 것이 부스러지듯 나를 안아주는 일이었다.

누구의 품도 아니고 설명도 아니고 기대도 아니었다.
그저 나에게 건네는 작은 다정.

그렇게 안기고 나면 마음이 천천히 풀렸다.
서서히 무너짐이 닿지 않게.

누구의 품이 아니더라도
살아지는 날들이 분명히 있다는 걸
그때 처음 알았다.

나는 내게 가장 오래 머무는 사람이고
내 안의 침묵을 가장 먼저 감지하는 존재였다.

나를 안아주는 일.
그건 연습이었고 돌봄이었고 살아내는 방식이었다.

삶이 거칠어질수록
그 연습은 더 조용했고
침묵이 깊어질수록
그 품은 더 단단해졌다.

이제는 안다.
다정함이 언제나 바깥에서 오는 것은 아니라는 걸.

가장 오래 나를 기다려온 사람이
나 자신이었다는 걸.

그리고도 남은 것들

어떤 상처는
완전히 낫지 않아도 괜찮았다.

아물지 않아도
덜 아프게 사는 법이 있었다.
지워지지 않아도
더 이상 무너짐이 닿지 않던 날이 분명히 있었다.

그 사실을 하루하루 몸으로 알게 되었다.
아무렇지 않은 얼굴로 마음을 낮춘 채
생각보다 많은 시간을 지나왔다.

흔들림은 줄지 않았다.
흔들려도 그 안에서 나를 잃지 않는 법을 조금씩 익혀갔다.
사람들은 종종 "이제 다 괜찮지?"라고 물었다.
그 물음은 위로처럼 들릴 때도 있었고
확인처럼 느껴질 때도 있었다.
나의 감정이 아니라 그들의 안심을 위한 말처럼 들렸다.

말을 기다리는 얼굴 앞에서 잠시 멈칫했다.
무슨 대답이 이 마음을 덜 무겁게 할지 한참을 망설였다.

괜찮다는 말은 끝이 아니었다.
괜찮음은 어떤 날의 감정 하나의 흐름이었다.
여전히 고요한 파도처럼 왔다가 사라지는 일이었다.
그 말은 잠시 덜 아프다는 뜻이었다.
조금 숨 쉴 수 있다는 신호
절망이 물러난 자리에 내려앉은 평온 같은 것.
어떤 날은 고요하게 무너졌다.
소리 없이 중심 아래가 흔들렸다.
눈물이 나지 않아도 마음은 붉었고
몸 어딘가가 오래 눌린 듯 뻐근했다.
어떤 밤은 꿈에서조차 버거웠다.
잊은 줄 알았던 풍경들이 문득 떠올랐고
그 안에 선 내가 너무 선명해 깨어난 뒤에도 오래 앓았다.

불면보다 깊은 무력감
꿈이 다녀간 자리의 허전함
침묵조차 사라진 공간.

나는 여기에 있었다.
걷고 먹고 웃고 때로는 글을 썼다.
살아 있는 몸으로 여전히 하루를 통과하고 있었다.

상처는 사라지지 않았다.
나를 잠식하지도 않았다.
어딘가에 공기가, 얼어붙은 듯 눌려 있었고
나와 함께 작게 숨 쉬었다.
그것이 내가 끝까지 나로 남은 방식이었다.
무너졌던 마음과 다시 일어나지 못한 몸이
함께 하루를 흘려 보내는 방식이었다.

극복도 아니었고 완성도 아니었다.
어딘가에 조용히 머무는 생의 한 틈.
그렇게 살아졌고
지금도 조금씩 살아지는 중이었다.
살아진다는 말
감정을 완성하지 않고 그대로 두는 태도.
기억을 묻지 않고 가볍게 들고 가는 방식.

살아진다는 말
내가 선택한 생존의 언어.

'잘 지내?'라는 말에 대하여

어떤 말은 대답보다 오래 남았다.
짧을수록 여운은 길게 이어졌다.

"잘 지내?"
문장 하나가 내 안에 한참 머물렀다.

질문이라기보다 마침표였다.
시작보다 종료에 가까운 목소리였다.

대답을 망설인 건 감정이 많아서가 아니었다.
그 말을 건넨 사람이 내 대답에
마음을 둘 준비가 없어 보였기 때문이었다.

잘 지낸다는 말은 정직하지 못했다.
무사하다는 말은 진심이 아니었다.
괜찮다는 말은 안부가 되지 못했다.

잘 지내지 못한다는 말은 너무 무거웠다.

감정을 내놓는 순간 그 무게를
들어줄 사람이 곁에 없을 것 같았다.

나는 말을 삼켰다.
답을 남기지 않은 채, 문장 하나의 온도만 낮춰 두었다.

말이 위로가 되지 않는 순간.
대화라기보다 종료에 가까운 공기.
연결이라기보다 정리에 가까운 움직임.

"잘 지내?"
나를 향한 질문 같지 않았다.
마음을 건네는 말이 아니라 부담을 덜기 위한 말처럼 들렸다.

질문은 언제나 질문이 아니었다.
무심한 한 문장이 누군가의 내면을 조용히 흔들기도 했다.

그 문장이 사라졌다고 믿었던 감정을 불러냈다.
닫혔던 마음의 문이 조금 열렸다.

나는 그 말을 받았다.

내 안에서 오래 머물도록 두었다.
대답하지 않았고 외면하지도 않았다.
말이 되지 못한 감정은 침묵의 형태로 남았다.

나는 그 자리를 빛조차 남기지 않고 떠났다.

말하지 않음으로 지켜지는 마음이 있었다.
대답하지 않음으로 더 정확해지는 감정이 있었다.

잘 지낸다는 말은 말하지 않을 때 가장 정직했다.

둘

가끔 되살아나는 순간

아무도 모르게 스며든 아픔
나마저 외면했던 시간
괜찮다는 얼굴 뒤에 남은 공허
조용히 비워진 마음의 자리.

비 오는 날의 괜찮음

혼자인 얼굴이 덜 초라했다.
비가 모든 걸 눌러주는 날.

젖은 옷깃은 무심하게 자연스러웠다.
흐트러진 셔츠 깃.
정돈되지 않은 머리칼.
그날만은 풍경과 어울렸다.

길 위의 사람들은 모두 어디론가 가는 중이었다.
나는 그들 사이에서
어디에도 가지 않는 얼굴로 잠시 머물렀다.

말없이 걷는 모습은 조용했다.
무엇인가 생각 중인 사람처럼 멀리 있는 것들을 바라봤다.

어디에도 가지 않으면서
어디론가 가는 척 몸을 움직였다.
흐트러진 마음은 머리카락에 묻은 물기 뒤로 숨었다.

창밖을 바라보며
생각이 많은 얼굴을 해도 아무도 묻지 않았다.

비 때문이라며 모두 넘겼다.

묻지 않아 다행이었다.
말하지 않아도 괜찮았다.
질문이 없는 날은 가장 낮게 견딜 수 있는 날이었다.

물방울이 유리창을 타고 천천히 흘렀다.

가슴 언저리까지 내려온 감정은 흐르지 못하고 고여 있었다.

소리는 조용했다.
움직임도 없었다.
다만 속이 잔잔히 흔들렸다.

울지 않았다.
울지 않으려 한 것도 아니었다.
비가 대신 울어주는 날이었다.

빛이 뭉개진 풍경.
유리창에 번진 그림자.
흐릿한 세상이 좋았다.

또렷한 마음이 들키지 않아도 되는 날.
감정을 감추지 않아도 되는 날.
감정을 꺼내지 않아도 되는 날.

그날만큼은 나도 평범해 보였다.
아무 일도 없는 사람처럼.
무사한 얼굴로 고요한 하루를 통과할 수 있었다.

비는 감정을 눌러주는 날이었다.

말보다 풍경이 많은 날.
표정보다 분위기가 먼저 말하는 날.

질문도 대답도 고백도 모두 뒤로 미뤄두고
한 사람의 안부를 아무 말없이 지우는 날.
감정이 말보다 무거웠던 날.
그래서 말하지 않고

그저 내려다보는 것만으로 충분했던 하루.

빛 쪽으로 유리잔을 밀었다

혼자 먹는 밥상은 누구에게 보여주기 위한 장면이 아니었다.

눈치를 볼 대상도 없었고 예쁘게 담을 이유도 없었다.
그럼에도 나는 그릇의 결을 고르고
숟가락의 방향을 정돈했다.
물을 채운 유리잔을 스며들듯 빛 쪽으로 밀었다.

빛이 스치는 자리.
손에 닿는 투명함.
그 잔을 비워내기까지 나는 내 하루를 조금씩 들여다보았다.

누가 보지 않아도 식탁 위의 모든 것을
하찮게 두지 않으려 했다.
한 끼의 풍경이 나를 대하는 태도에 가까워질 수 있다는 걸
언젠가부터 알게 되었다.

음식은 허기를 채우는 일이 아니었다.
존재를 확인하는 행위에 가까웠다.

입에 무언가를 넣는 순간조차
그날의 리듬을 따라 천천히 흘렀다.
소리 없이 씹고 소리 없이 넘기는 동안
나는 오늘 하루의 무게를 한 모금씩 삼키고 있었다.

숟가락이 그릇에 닿는 소리.
목 뒤로 넘어가는 따뜻한 국물의 감촉.
작은 움직임마다 내가 살아 있다는 증거처럼 느껴졌다.
아무도 대신할 수 없는 시간.
설명할 필요 없는 감정의 분량.
말로 꺼내기보다 그릇 하나,
잔 하나로 가늠하는 마음의 밀도.

이건 습관이 아니었다.
생존에 가까웠다.
은밀하게 스며드는 시간은 가장 많은 것들을 감추고 있었다.

혼자 물 한 잔을 마시는 순간에도
나는 유리잔의 투명함을 바라본다.
가볍게 흔들리는 수면을 바라보며
그 안의 나를 다시 읽는다.

그건 단순한 취향이 아니었다.
정리된 취향은 마음의 태도였고 태도는 곧 다짐이었다.
나를 함부로 대하지 않겠다는 하루치의 다짐.

나를 향한 작은 예의.
그건 누구도 대신하지 못했다.
밥 한 끼를 꾸리는 일조차
하루를 참아내는 방식이 될 수 있다는 걸
나는 그 유리잔 하나로 증명해왔다.

익숙해질 즈음, 떠나는 계절

계절은 늘 익숙해질 즈음 떠났다.

두꺼운 옷의 무게에 몸이 겨우 적응할 무렵 바람이 바뀌었다.
그 바람에 마음이 괜찮다 싶을 때 나뭇잎은 흩어졌다.
낙엽을 밟는 감촉에 익숙해지려는 순간 가지마다 비어 갔다.

처음엔 낯설었던 온도가 이제야 피부에 맞는 듯한데
그제야 계절은 등을 돌렸다.

남은 건 기후가 아니라 마음이었다.
너무 느리게 도착한 감정.

사람도 그랬다.
천천히 마음이 닿는 쪽은 언제나 조금 늦게 남았다.
오래도록 망설인 마음.
조금씩 가까워지던 거리.
드디어 따뜻해진 온기.

겨울 끝자락에야 봄 냄새가 나는 걸 알아챘다.
공기가 살짝 바뀌는 온도.
햇살이 물 위에 닿는 각도.
그제야 안도했다.

그 봄에 안도하려는 찰나 누군가는 떠났다.
인사도 없었고 예고도 없었다.

표정은 가볍고 기억은 짧았다.
아무 일도 없었던 것처럼 자리를 비웠다.

무거운 건 언제나 남겨진 쪽이었다.
떠난 사람보다 남은 사람이 조금 더 천천히 계절을 감각했다.

나는 언제나 계절보다 느렸고 사람보다 늦게 잊었다.
낯선 계절에 익숙한 사람의 뒷모습을 조용히 남겨두었다.

그래서 계절이 바뀔 때마다
그 계절보다 먼저 떠난 사람들을
한참 뒤늦게 애도했다.

익숙해지지 못한 채 늦게 도착한 마음으로
기억의 저편에서, 한 계절씩 보내는 일이
매해 반복되었다.

밤에만 떠오르는 이름들

낮에는 괜찮았다.
눈앞의 일들로 하루가 바빴다.
할 일은 순서대로 밀려들었고
시간은 현실의 궤도에 올라타 있었다.
감정은 무언가의 뒤편으로 밀려났다.

밤이면 달라졌다.
불 꺼진 방, 고요한 공기.
빛조차 울리지 못하는 침묵 속에서
불쑥 이름 하나가 떠올랐다.

기억의 저편.
보이지 않는 결로 제 이름을 꺼내는 존재.
잊었다고, 다 지나갔다고 믿었던 얼굴.

생각하지 않으려 할수록 더 선명해졌다.
같이 걷던 길.
따뜻하지도 차갑지도 않던 공기.

함께 마신 차의 온도.
아무렇지 않게 끝맺던 말의 어미.

대수롭지 않았던 순간들이
기억의 표면에 얇게,
그러나 또렷하게 붙어 있었다.

무심히 떠오른 이름 하나에 잠이 밀렸고
심장은 무음의 밀도로 천천히 가라앉았다.
소리도 말도 없이.

아무 감정도 남지 않았다고
몇 번이나 다짐했던 사람.
그 이름이 다시 떠오를 줄 몰랐다.

시간은 흘렀다.
달력은 바뀌었고
계절은 몇 번이나 지나갔다.
풍경은 달라졌고
나도 많이 달라졌지만

기억은 그때에 멈춰 있었다.
어디선가 똑같은 자리.
변하지 않은 표정.
단 하나의 장면 속에서
계속 그 자리에 있었다.

밤은 그런 걸 허락했다.
이미 끝났지만
아직 끝나지 않은 장면들.

눈을 감으면
그 장면이 조용히 다시 시작되었다.
누군가의 이름으로 문이 열리고
그 안에서 아무 일 없었던 얼굴을
다시 마주했다.

그 얼굴은 아무 말이 없었고
나는 말이 늦었다.

모든 것이 조용한 밤.
그 조용함이 기억을 열었다.

그 밤마다
나는 다시 시작점에 있었다.

물이 끓는 동안

밤은 길었다.
호흡은 가늘었고
생각은 무거웠다.
어둠이 깊어질수록
속은 텅 비어 갔다.

가끔은 울었다.
소리 없는 울음이 턱 끝에 매달렸다.
말 대신 침묵이 입 안에 고였다.

무너지지 않기 위해 움직였다.
아무 말없이 하루를 버텼고
그 하루를 잃었다.
아침은 어김없이 왔다.
눈을 떴고, 세수를 했고, 물을 올렸다.
기적도 아니었고 의지도 아니었다.
그저 익숙한 반복.
몸이 기억한 하루의 시작.

물이 끓는 동안 나는 가만히 서 있었다.
증기가 피어올라 얼굴에 온도의 그림자를 얹었다.

말을 하지 않아도 되는 시간.
아무 감정도 강요되지 않는 순간.
김이 퍼지는 속도로
내 안의 감정도 천천히 피어올랐다.
비어 있는 마음을 어루만질 틈도 없이
손은 컵을 들고 커피를 내렸다.

몸이 먼저 움직였고
마음은 뒤따랐다.
그렇게 하루를 흉내 내듯 시작했다.

물이 끓는 동안
나는 사람의 얼굴을 골랐다.
늦게 도착한 감정은
증기처럼 사라졌다.
그날도 사람처럼 살아냈다.

가끔은 나도 나를 못 견딘다

어떤 날은 내 안에 내가 너무 많았다.
말을 꺼내기도 전에 감정이 먼저 어지러웠다.

기분을 알 수 없었다.
생각은 가만히 있었고 몸이 먼저 조용히 불안했다.

숨이 어긋났다.
가슴 아래가 서서히 조여왔다.
의자에 앉아 있었지만 어디에도 닿아 있지 않았다.
바닥에 닿지 않는 몸.
공기에도 밀려 있는 마음.

누가 무슨 말을 한 것도 아니었다.
아무 일도 일어나지 않았다.
달력은 멀쩡했고 알림은 조용했고
주방에서는 익숙한 소리가 났다.

나는 무언가를 잃은 사람처럼 앉아 있었다.

무엇을 잃었는지는 끝내 알 수 없었다.
무거운 감정보다 텅 빈 마음이 더 잔인했다.

물도 소리도 사람도 모두 바깥에 있는 것처럼 느껴졌다.
나는 어디에도 닿지 않는 마음으로 하루를 견디고 있었다.

움직이지 않는 손.
의미 없이 켜둔 조명.
책상 위 식어버린 찻잔.
하루는 무겁지 않았지만
그 하루를 버티는 일은 유난히 버거웠다.
거울을 보다가 눈을 피했다.
직면하면 무너질 것 같았다.

표정이 없었다.
감정도 없었다.
아무 감정이 없는데 이상하게 슬펐다.

말로 꺼낼 수 없는 슬픔.
원인을 알 수 없는 슬픔.
견딜 수 없다고 말하기엔 너무 조용한 슬픔.

도움조차 청할 수 없는 상태.

그 조용한 상태가 가장 고립된 마음이었다.
아무 말도 할 수 없는 날.
내가 나를 견딜 수 없는 날.

정말로 가장 감당하기 어려운 것은 나 자신이었다.

'잘 지내?'라는 말에 대하여

잊지 못한 날이 있었다.

붙들려 있는 건 아니었다.
흘려보내지 못했다고 해서 무너진 것도 아니었다.
그저 지워지지 않는 여운이 아무 데도 기댈 곳 없이 남아 있었다.

손을 떼었는데도 제자리에서 사라지지 않은 마음.
얽매이지 않았는데 끝까지 따라오는 감정.
집착이 아니라 흔적에 가까웠다.

잘 지내.
짧은 인사말이었지만 그 안에는 오래 눌린 내가 있었다.
지금의 내가 아니라 그 시절의 장면.
덜 말라붙은 감정 하나.
입안에 오래 남은 말의 온기.

나는 잘 지내고 있었다.
잘 지내지 못하기도 했다.

하루는 무사히 흘렀다.
밤은 아무도 모르게 제 구역을 통과했다.
집 안의 물건들은 제자리에 있었고
거리의 나무들은 여전히 그늘을 드리웠다.

모든 것은 변해 있었다.
익숙한 말투 하나, 소리 한 줄에
그때의 내가 다시 살아났다.
그 질문 앞에서 자주 멈췄다.
입술을 다물고 가슴 언저리에서 숨을 고르곤 했다.
말을 아낀 건 꺼낼 수 없어서가 아니었다.
마음 깊은 곳 어딘가,
말로 바꾸지 않은 이야기들이 눕혀져 있었다.

안쪽이 꺼지지 않도록 입을 굳힌 채 버텼던 시간.
감정을 접어 넣으며 살아낸 날들.

끝나지 않았다.

사라지지도 않았다.
다만 나를 망치지 않는 쪽으로 조금씩 멀어졌다.

내가 던진 것도 버린 것도 아니었다.
그저 너무 오래 들고 있을 수 없어
어딘가로 흘려보내는 중이었다.

그 마음을 어떻게 문장으로 옮길지
오랫동안 생각하지 않았다.
형태가 없었고 의미가 정리되지 않았다.
말로 표현하는 순간 훼손될 것 같았다.

그 질문 앞에서 나는 숨을 고르고 입술을 다물었다.
말이 없을수록 몸 안의 여운이 더 선명했다.

말보다 먼저 움직이는 감정.
형태를 갖추지 않은 채 내 안을 천천히 돌았다.
언제나 같은 자리에 가라앉듯 머물렀다.
나는 그 감정에 이름을 붙이지 않았다.
말보다 오래 사는 마음으로
속을 조여 쥔 채, 함께 머무는 쪽을 택했다.

잘 지낸다.
그 말은 어떤 대답보다 멀고 조용했다.

셋

―

아프다
끝내 견디다

그 담배 냄새는…
끝보다 더 오래
남아 있는 온기.
사라지지 못한 마음의 자리.

사랑은 결국, 혼잣말로 끝났다

사랑할 때보다
사랑이 끝난 뒤가 더 말이 많았다.

함께 있던 시간에는 말이 덜 필요했다.
눈빛이 있었고
행동이 있었고
침묵조차 관계의 일부였다.

그때는 왜 아무 말도 하지 못했을까.
어떤 말은 왜 꺼내지 않았을까.
무슨 말을 듣고 싶었을까.
그 모든 질문이 사라진 자리에서야 떠올랐다.

사랑이 끝나고 나서야
입 안에 가득 고이는 말들이 있었다.
늦게 도착한 대답.
의미가 사라진 질문.
아무에게도 닿지 않을 문장.

말하지 못한 감정은
끝맺음이 되지 못했다.
그래서 혼잣말처럼 반복됐다.

안 들릴 걸 알면서도
그 사람이 떠났다는 걸 알면서도
나는 계속 말을 걸었다.

실은 그 말을 듣고 싶은 건
그 사람이 아니라 나 자신이었다.
그때의 내가 너무 조용했기에
지금의 내가 이렇게 말이 많아졌다.

말이 길어지는 건 감정이 남았다는 뜻이었다.
혼잣말이 길어지는 건
그 감정을 어디에도 보낼 수 없다는 뜻이었다.

누군가를 향한 말이 더 이상 갈 곳이 없어지면
그 말은 나를 맴돌았다.
스스로에게 묻고
스스로에게 답하며

그 말들을 작은 종이조각처럼
하루에 하나씩 접었다.
감정을 나누는 일이 아니었다.
감정을 떠나보내는 연습이었다.

이 장은
그 혼잣말을 다 쓰고 싶었던
어느 계절의 기록이다.

말하지 못한 끝.
말로라도 남겨두고 싶었던 흔적.
지금은 들리지 않지만
한때는 분명히
누군가에게 전하고 싶었던 마음.

그 마음이
이제는 문장이 되었다.

다정함의 잔인함

감정은
내가 원한 적 없는 방식으로 찾아왔다.

예고 없었다.
전조도 없었다.
갑작스럽게, 무방비하게
비처럼 쏟아졌다.

생각보다 빠르게
생각보다 깊게
어딘가에 스며들었다.

사람들은 카르마, 사주, 자유의지라는 말을
운명의 기둥이라 불렀다.

전생과 현생, 그리고 지금.
그 사이의 선 위에
내가 서 있는지

밀려난 것인지 알 수 없었다.

선택할 수 있는 건 자유의지뿐이라 했지만
그 자유가 정말 내 것이었는지는 알 수 없었다.

어느 날
모든 게 낯설게 느껴졌다.
익숙한 공간이 어색했고
가까웠던 사람이 멀어졌다.
무겁지도 가볍지도 않은 감정이
가슴 언저리에 오래 머물렀다.

눈빛 하나에 마음이 흔들렸다.
침묵 속에서 감정이 자라났다.

말하지 않아도
마음은 알아들었고
그 알아차림은 조용히 아팠다.

그게 사랑이었다.

나는 다정함조차 받아들이지 못했다.
내민 손은 의심으로 느껴졌고
포근한 말투는 불편한 구속 같았다.

호의는 낯설었고
위로는 날카로웠다.
감싸는 말 한 줄에
가슴이 베이기도 했다.

나는 닫혀 있었다.
열 수 없었고
열리지 않았다.
그 안에서 조용히 무너짐이 스며들었다.

무너짐 속에서도 위로를 받지 못했고
도움을 요청하지도 않았다.

사랑은 도착했지만
나는 준비되지 않았다.
다가오는 사람보다
내 안의 경계가 더 빨랐다.

사랑을 마주할 수 없는 사람에게
다정함은 가장 잔인했다.

빛을 향해 눈을 감는 것처럼
그 다정함 앞에서 나는 고개를 돌렸다.

마음이 닿기 전
고개가 숙여졌고
숨이 가장 먼저 무너짐에 닿는다.

사랑은
멈춘 내가 도착하지 못한 자리에
먼저 와 있었다.

달력 바깥의 기념일

오랫동안 특별한 날을 좇았다.
달력에 동그라미를 치고
빨간 글씨로 표시된 날을 기다렸다.
생일 기념일 오래 전부터 정해진 약속들.
그때만이 특별하다고 믿었다.

기다림은 자주 무너졌다.
누군가의 마음은 변했고
꽃은 금세 시들었고
축하의 말은 흩어졌다.
남은 건 텅 빈 하루였다.

예고 없이 너를 만났다.
우연히 스쳐 간 표정.
같은 공간에 머문 평범한 시간이
나만의 기념일이 되었다.

너와 함께 앉아 있던 오후.

큰 대화는 없었다.
잠깐 마주친 눈빛이 오래 남았다.
말투가 겹쳐 터진 웃음.
흘려보낸 말이
하루 종일 머무는 울림이 되었다.

달력에 남지 않는 순간들이
더 오래 나를 흔들었다.
누구도 기억하지 못할 작은 장면이
깊은 자국이 되었다.

기념일은 따로 만들어지지 않는다.
오늘의 웃음 오늘의 공기
네가 있는 지금 이 자리.
그것만으로 충분했다.

무심한 얼굴로 하루를 견디는 법

너를 떠올리면 먼저 웃음이 지나갔다.
억지로 만든 표정이 아니라
무방비한 틈에 스며드는 가벼운 웃음.
그 한 번의 숨결로 하루를 버텼다.

말은 거의 오가지 않았다.
조용했지만 묘하게 소란스러웠다.
시끄러운 건 몸도, 공기도 아니었다.
내 마음만 요란했다.
너는 아무렇지 않았고
나는 그 아무렇지 않음을 오랫동안 바라보았다.

가까워지고 싶은 마음이 있었다.
한 걸음 내딛는 대신 멈춰 섰다.
서두르지 않아야 형태가 흐려지지 않았다.
조금 앞서면 어색해지고
조금 뒤로 물러서면 더 분명해졌다.
선명함을 택했다.

선명함은 곧 거리였다.

너에게 기댈 수 있는 순간들이 있었다.
기대지 않는 쪽을 골랐다.
누군가의 온기보다
스스로의 버팀이 더 믿을 만했다.
약해지지 않는 방식으로 마음을 품었다.

사랑이라는 이름을 붙이지 않아도
충분히 흔들렸다.
흔들리면서도 무너지지 않았다.
그 균형이 나를 지켰다.

너는 나를 구하지 않았다.
나도 너를 붙잡지 않았다.
선택하지 않은 채
무너지지 않은 채
감정의 입구를 막은 채로 오래 남아 있었다.
끝나버린 관계보다
아무 일도 없던 관계가
더 단단해질 때가 있다.

고백하지 않았다.
부탁하지 않았다.
확인받지 않았다.
그럼에도 내 마음은 또렷했다.
말보다 확실한 방향으로
너를 향해 기울었다.

사랑은 흘러가는 것이 아니었다.
어느 날 정확히 멈추는 일이었다.
그 멈춤 앞에 앉아
자세를 고쳐 세웠다.
미련보다 자존을 택했고
감정보다 태도를 남겼다.

봄이 지나갔다.
기념일도 없었고
기록도 약속도 없었다.
허무로 치부할 수 없는 계절이었다.
너를 생각하며 살아낸 날들이
내 안의 얼굴을 바꾸어 놓았다.

너는 나를 구해준 적이 없다.
그럼에도 나는 너 덕분에 살아 있었다.
웃게 만든 사람,
그 이상을 묻지 않아도 되는 사람.
그것만으로 충분했다.

우리는 스쳐 갔다.
나는 아무 말도 남기지 않은 채
완벽하게 끝냈다.

남겨진 것은 후회가 아니었다.
삼키는 동안 단단해진 나였다.

사랑은 실패하지 않았다.
숨겨진 채 남아 있었다.
드러나지 않았기에
더 오래 머물렀다.

나는 내가 선택한 온도로, 정확하게
너를 사랑했다.
한 번도 무너지지 않았다.

그 일은 나의 방식이었고
그 방식이 곧 나였다.

잊는다는 건 모른 척하는 일이다

잊었다고 믿었던 기억이
어느 날 아무렇지도 않게 돌아왔다.

익숙한 냄새. 익숙한 말투. 익숙한 침묵.
일상에 숨어 있다가
예상치 못한 순간 조용히 밀려왔다.
내가 불러낸 것도 아닌데
기억은 길을 잃지 않았다.

나는 받아들이지 못했다.
받아들이고 싶지 않았다.
모른 척했다.
알아보았지만 눈을 피했다.
기억했지만 말을 삼켰다.
그 사람의 말투. 옷깃에 밴 향기. 눈빛.
그 계절의 공기.
한때 너무 익숙했던 것들.
이제 내가 먼저 외면하는 것들.

외면했다. 덮어버렸다. 지운 척했다.
없었던 것처럼 굴며 살았다.

담배 냄새를 좋아하게 될 줄은 몰랐다.
그 사람의 옷깃에 남아 있던 차갑고 건조한 잔향.
길을 걷다 비슷한 향이 스쳐 지나가면
걸음을 멈추고 고개를 돌리며
늦게 숨을 들이마셨다.
그 순간 누구도 없는데 기억은 또렷해졌다.

좋아했던 감정이 아니라
기억했던 감각이 남았다.
지금의 나를 흔드는 건
감정보다 오래된 감각의 잔재였다.

그 사람은 거기에 없었다.
함께한 기억이라 믿었던 장면들은
돌아보면 혼자 만든 상연에 가까웠다.

나누었다고 생각했지만 건넨 적 없는 말투.
주고받았다고 믿었던 감정.

실은 단 한 번도 오간 적 없었다.
내가 느낀 순간들은 혼자 만든 것이었고
그 안에서 혼자 이해했고 혼자 상처받았다.

함께라는 착각은 오래 나를 따랐다.
서로의 감정이 겹쳤을 것이라는 믿음은
나만의 확신이었다.
뒤늦게 알았다.
전부 나 혼자였다는 것을.
알고 나서도 한동안 믿지 않았다.
그렇게까지 혼자였다는 사실은
차마 받아들여지지 않았다.

잊는다는 건 모든 것을 떠나보내는 일이 아니었다.
자신에게서 천천히 감추는 일에 가까웠다.
없는 척하는 일. 지운 척하는 일. 멀어진 척하는 일.
그 모든 것의 반복.
나는 안다.
여전히 아주 정확히 안다.
기억은 잊히지 않았다.
그저 모른 척하는 데

조금 익숙해졌을 뿐이다.

끝이라는 말 대신 등을 돌렸다

그 사람과 끝나던 날
나는 아무 말도 하지 않았다.
화도 없었다. 원망도 없었다. 사랑한다는 말도 없었다.
조용히 등을 돌렸다.

말은 끝을 더 아프게 만들 뿐이었다.
나는 무게를 내려놓듯 그를 놓았다.

어떤 이별은 고백처럼 시작되지만
이건 고요한 단절이었다.

그 사람은 아무것도 몰랐다.
나는 굳이 알게 하고 싶지 않았다.

누군가는 내가 참았다고 말했다.
사실은 참은 게 아니었다.
이미 오래전부터 포기한 것이었다.

그러니 그날 아무 말도 하지 않은 나는
가장 정확한 말을 하고 있었는지도 모른다.

끝이라는 말 대신 등을 돌린 것.
그게 전부였다.

기다림은 감정이 끝나지 않았다는 증거

기다린다는 건
누구를 향한 기대가 아니었다.
한때 믿었던 감정의 자국에 머무는 일이었다.

누가 돌아올까 봐 머문 게 아니었다.
떠나기 전의 나를
다시 마주하고 싶은 마음이었다.

기다림은 포기의 반대가 아니었다.
감정의 관성,
멈추지 못한 마음이
익숙한 자리로 굴러가는 일이었다.

잊어야 한다는 걸 알면서도
잊지 않겠다는 쪽에 손을 들어주는 마음.
지나가야 하는 걸 알면서도
한 걸음 늦게 따라오는 여운.

시간은 사람을 데려갔다.
그때의 나는 여전히 남아 있었다.
돌이켜보면 기다린 건 누구도 아니었다.
말 한마디, 손끝의 열기,
그때 그 자리에 있던 나였다.

기다림은 사람을 향한 것이 아니었다.
결국 나 자신에게로
조용히 되돌아가는 감정이었다.

그때의 나를 기다렸다

그때의 나를 다시 불러냈다.
완전히 사라지지 않은 마음은
어떤 얼굴로 남아 있을지
내가 놓쳤던 숨결은
어디에 숨어 있을지 생각했다.

돌아가고 싶은 시간은 아니었다.
다만 그 시절의 나를
한 번쯤 정확하게 바라보고 싶었다.
아무 말도 하지 않은 채
그 표정을 떠올리는 것만으로도
내 안의 굳은 마음이 천천히 풀려났다.

시간은 많은 것을 희미하게 만들었다.
장면은 흐려졌고
목소리는 멀어졌다.
그럼에도 단 하나의 감정만은
쉽게 마르지 않았다.

잊히지 않아서 남은 게 아니라
남아 있었기에 사라지지 않은 마음이었다.

어떤 여운은 붙잡지 않아도 머문다.
흐르지 않아도 깊어진다.
설명할 수 없어도
분명히 존재한다.

나는 끝난 관계를 떠올린 것이 아니라
그 시간을 통과하던
내 몸짓과 숨을 떠올렸다.
그때의 나를 이해하고 싶었고
밀어내지 않고
조용히 받아들이고 싶었다.

결국 되찾고 싶었던 건
누구의 손도, 어떤 말도 아니었다.
그 마음을 품고 버티던
가장 솔직한 나였다.

가만히 있었고, 그것으로 충분했다

다시 연락이 왔다.
그가 아닌, 예전의 그처럼 굴던 사람.

문자 하나.
짧은 인사.
아무 일도 없었던 사람인 척 그는 다가왔다.

잠깐,
휴대폰을 쥔 손에 힘이 들어갔다.
그 짧은 순간 동안 마음이 묘하게 울렸다.
그 울림은 그를 향한 것이 아니었다.

곧 아무 일도 없었던 사람처럼 문자를 닫았다.
답을 쓰지 않았다.
읽고, 가만히 두었다.

그 순간 나는 그가 아니라,
그를 기다리던 나와 눈을 마주쳤다.

그 시절, 내가 얼마나 기다렸는지
어떻게 매일 조금씩 무너졌는지
가장 잘 알고 있는 건 나였다.

말하고 싶은 건 한두 문장이 아니었다.
변명도 있었고
서운함도 있었고
아주 늦은 안녕도 있었다.
입을 열지 않았다.
말을 꺼내는 일보다
말을 삼키는 쪽이 지금의 나를 덜 흔들었다.

이유는 여러 개였다.
모두 이유 같지 않았다.
조금씩 무게가 달랐고
조금씩 진심도 엇갈렸다.
결국 정리되지 않은 마음이
가장 단단한 침묵이 되었다.

어쩌면
그를 받아들이지 않은 게 아니라

예전의 나를 다시 꺼내기 싫었던 건지도 모른다.

나는 그를 향한 마음이 아니라
그때의 나를 마주하고 싶지 않았다.

다시 돌아가 그때의 감정으로 스스로를 놓고 싶지 않았다.
그 기다림의 얼굴을 다시 쓰고 싶지 않았다.

그래서 아무 말도 하지 않았다.
정확히는 할 수 없었다.

무심한 사람처럼 보일 수도 있었다.
답장을 하지 않았고
이유도 말하지 않았다.
그건 가장 나를 보호하는 방식이었다.
말하지 않음으로써 지켜낸 마음이었다.

나는 가만히 있었고
그건 충분한 말이었다.

사라진 대답들

숨이 막히는 것이 아니었다.
이제 숨이 쉬어졌다.

어디선가 조이던 기분이 조금씩 느슨해졌다.
몸 안으로 공기가 들어오는 느낌이 낯설지만 분명했다.

무너진 감정이 아니라
조용히 정리된 감각이었다.
눈물보다 먼저 오는 해방에 가까웠다.
끝났다는 감정보다
지겨웠다는 감각이 먼저 왔다.

사랑이라는 말을 떠올릴 때마다
설명되지 않는 피로가 따라왔다.
그 피로는 감정보다 묵직했다.
놓치고 싶지 않은 것도
설명하고 싶은 것도 없었다.
무엇을 위해, 누구에게, 어떤 말을 꺼내야 하는지

내 안은 이미 오래전부터 말이 없었다.

그냥 여기까지만 하자고
나에게 말하는 날이었다.

소리를 내지 않았다.
아무에게도 알리지 않았다.

익숙한 것들 사이에 선을 그었다.
선 너머로 스스로를 물러나게 했다.

마음은 울지 않았다.
울지 않는 마음을 굳이 흔들지 않았다.

말로 끝내지 않아도
몸이 먼저 알고 있었다.
이만하면 된다는 것,
여기까지가 맞다는 것.

그건 이별이 아니라
복원에 가까웠다.

다시 살아지는 쪽을 고른 하루.

작은 끝을
혼자 꺼내는 중이었다.

마음이 닿지 못한 거리

물컵 옆에 놓인 핸드폰 화면이 꺼졌다.
기억은 없었지만 몸이 그 순간을 알고 있었다.
바람이 불지 않아도 손끝이 떨렸다.
아무 일도 없는 오후였지만 눈이 자주 멀었다.

의심도 없었고 기약도 없었다.
무엇을 주거나 받으려는 마음도 아니었다.
어깨선에 닿은 햇빛이 이상하게 따뜻했다.
그날의 공기는 지나치게 또렷했다.
그 사람은 내 하루 속에 천천히 스며들었다.
계절처럼 예고 없이 다가왔다.
익숙해진 뒤에야 돌이킬 수 없다는 사실을 깨달았다.

보고 싶다는 말은 하지 않았다.
그저 보고 있었다.
마음이 닿을 수 있던 거리의 끝에서 서성였다.

잃은 것이 없었는데 무너졌다.
가진 것이 없었는데 흔들렸다.

처음이었다.
멍하게. 조용히. 깊게.
사랑이라 부를 수밖에 없는 마음이었다.

돌아갈 길은 없었다.
애초에 돌아올 생각 없이 그쪽으로 걸어갔다.
내가 사라지는 줄도 모르고.

더 이상 그 이야기에 참석하지 않기로 했다

말하지 않은 채 끝난 이야기들이 있었다.
언젠가 설명이 붙을 줄 알았다.
그 설명을 기다린 적도 있었다.

기다림 끝엔 설명이 아니라 침묵이 남았다.
그 침묵은 나에게 또 다른 언어가 되었다.

그 사람의 선택과 태도에
내가 더는 해석을 붙이지 않기로 했다.
말해주지 않는 진심을 짐작하느라 무너졌던 시간들.
그 무너짐조차 이제는 나의 일부가 되었다.

나는 더 이상 그 이야기의 등장인물이 아니다.
누군가의 말 한마디에 휘청이는 화자가 되지 않기로 했다.

이야기를 멈춘 것도.
그걸 끝이라고 여긴 것도.
이제 와서 돌아보는 것도.

모두 그 사람의 서사였다.

나는 그 이야기를 내 손에서 내려놓았다.

'잘 지내?'라는 말에 대하여

그 흔한 안부 한마디조차
우리는 주고받지 못했다.
멀어진다는 건 말이 사라진다는 뜻이었다.
말이 사라졌다는 건 마음이 먼저 사라졌다는 뜻이었다.

말을 고르던 시간보다
말을 삼키던 시간이 더 길었다.
한참을 침묵했고
당신도 그랬다.
묻지 않으면 아무 일도 없을 것처럼
조용한 공기 속에 나란히 앉아 있었다.

웃는 얼굴로 시선을 피했다.
불편한 기색을 감췄다.
함께 있는 시간은
결말을 유예하는 일처럼 느껴졌다.

당신의 눈이 바라보는 방향이 달라졌다.
나는 그 시선을 굳이 따라가지 않았다.
어디서부터 틀어졌는지 묻고 싶었지만
묻는 순간 모든 게 끝날 것 같았다.
아무 말도 하지 않았다.

먼저 묻는 사람이 되지 않으려
둘 다 끝까지 말을 아꼈다.
서로 알고 있었다.
이 감정이 오래 버티지 못할 거라는 사실을.

내가 먼저 '그만하자'고 마음속으로 중얼거렸다.
당신이 아니라 나 자신에게.
더는 이 감정을 연기하지 않겠다고
조용히 나를 설득했다.

'잘 지내'는 끝까지 오지 않았다.
받지 않았고 보내지도 않았다.
늦은 말은 인사가 아니라
해명처럼 들렸기 때문이다.

사랑은 혼잣말처럼 끝났다.
누구도 마무리하지 못한 말,
끝내 삼켜야 했던 감정의 잔여물로
안쪽에 눌어붙어 있었다.

가끔 누군가의 "잘 지내?"라는 말을 들으면
그때의 내가 떠오른다.
마음속에서
그 사람을 향하는 것이 아니라
그 시절의 나를 향해 조용히 대답한다.
응, 이제는 괜찮아.

넷

몸이 먼저 기억한 아픔

말보다 앞서는 침묵
숨결 사이에 남은 떨림
이유 없이 찾아오는 낯선 온도

눈보다 귀가 먼저 떨렸다

나는 오래전부터
누군가의 발소리를 먼저 알아챘다.

바닥을 울리는 무게,
문 앞에서 멈칫하는 기척,
복도 끝에 드리운 정적 같은 위협.

눈보다 귀가 먼저 반응했고
마음보다 몸이 먼저 움츠러들었다.

그건 공포였고
익숙함이었고
살아남기 위해 먼저 익힌 감각이었다.

소리는 내게 경고였고
숨소리는 징조였고
조용함은 더 큰 위험의 그림자였다.

아무 일도 없는 낮에도
나는 늘 긴장했고
아무 소리 없는 밤에도
자주 깨어났다.

그때의 나는
사람보다 소리를 먼저 만났고
감정보다 반사신경이 먼저 움직였다.

누군가는 민감하다고 했지만
나는 알았다.
그건 감각이 아니라
생존이었다.

굳어진 어깨가 먼저 알았다

아무 일 없는 얼굴로 앉아 있었다.
입을 닫고 손을 모아, 가만히 숨을 들이마셨다.
눈빛은 움직이지 않았고 입꼬리는 굳게 붙어 있었다.
그 얼굴을 만들기까지
얼마나 오래 걸렸는지는 아무도 몰랐다.

말은 꺼내지 않았다.
대신 몸이 먼저 반응했다.
눈이 흔들렸고 어깨가 굳었다.
숨은 짧아졌고 손끝의 감각은 사라졌다.
생각은 뒤로 밀리고 몸이 먼저 낯설어졌다.

그 사람의 기척에 등부터 굳었다.
걸음 소리, 물컵을 내려놓는 소리.
너무 익숙해 피할 수 없는 움직임들.
그 순간마다 나는 안쪽으로 조용히 접혔다.

차가운 물을 마셔도 목은 말랐고
식은 밥을 씹어도 속은 쓰렸다.
말을 대신 혀끝에 말아 삼켰다.
목 안에 머물던 말들은 끝내 어디에도 닿지 못했다.

침묵이 편한 건 아니었다.
그저 어떤 말도 꺼낼 수 없었다.
숨을 고르고 눈을 피하며
입안 가득 침묵을 머금은 채 버텼다.
그 방식이 나를 지키는 유일한 방법이었다.

나는 모든 걸 기억하고 있었다.
그가 문을 여는 손짓, 벽을 바라보던 눈.

움츠러든 손끝

누가 나를 때리지 않아도
누가 큰 소리를 지르지 않아도
말투 하나, 시선 하나에
몸이 먼저 반응했다.

사람들은 쉽게 "예민하다"라고 했지만
그건 예민함이 아니었다.
한때 너무 많이 참고
묵묵히 받아내며 각인된
반사적인 몸의 기억이었다.

누군가 컵을 탁 놓는 소리에
심장이 요동쳤다.
길을 걷다 뒤에서 발소리가 빨라지면
나도 모르게 숨을 멈췄다.

사람들이 보지 못하는 방식으로
나는 수없이 움츠러들고

수없이 쪼그라들었다.

다정함에도, 침묵에도,
아무 일 없는 평온한 날에도
몸은 긴장을 늦추지 못했다.

그건 의식적인 기억이 아니었다.
감각에 박힌 공포였고
내 안에 남은
생존의 방식이었다.

익숙해져선 안 될 익숙함

소리 지르는 사람 앞에서도
나는 너무 조용했다.

벌어질 걸 알면서도 입을 다물었고
그 조용함 속에서 몸이 먼저 움츠러들었다.

누가 나를 무서워한 게 아니었다.
내가 모든 것을 먼저 무서워했다.
내가 아닌 것들, 내가 아닌 말들,
심지어 나 자신까지.

몸은 늘 먼저 반응했다.
머리는 괜찮다 말해도 손끝은 떨렸고
심장은 벌써 도망갈 준비를 했다.

사람들이 나를 강하다고 불렀다.
그 말이 얼마나 멀게 느껴졌는지 나는 알았다.
나는 단지 아무 일도 없는 척, 무너짐을 숨긴 척

그저 숨 쉬고 있을 뿐이었다.

익숙해졌다는 건 잊었다는 뜻이 아니었다.
그저 반복되는 것을
더는 설명하지 않게 된 상태였다.

덜 아프기 위한 선택

빛 없는 곳에서 자란 사람은
빛보다 그림자에 먼저 반응한다.

사랑받지 못한 시간이 길면
사랑은 낯설고
다정함은 위협처럼 느껴진다.
따뜻한 말에도
부드러운 눈빛에도
나는 본능처럼 물러선다.

누군가 나를 좋아한다고 말하면
내가 먼저 거리를 둔다.
믿지 않아서가 아니다.
정말 믿어버리면
무너질 자신을 알고 있기 때문이다.

받아들이는 일엔 용기가 필요했다.
거절은 그보다 단순했다.

다가가는 일보다
뒷걸음질이 쉬웠다.

안전해지고 싶었다.
모든 관계는 언제든 흔들릴 수 있다는 걸
너무 일찍 알아버렸다.

결국 혼자가 되었다.
익숙해서가 아니라
덜 아프기 위해
선택한 방식이었다.

끝까지 괜찮은 사람이 되고 싶었다

아프다는 말을 꺼내기까지
언제나 오래 걸렸다.

버텨야 했다.
무너짐을 허락할 때가 아니었다.
끝까지 서 있지 않으면
아무도 알아주지 않을 거라는 걸
너무 잘 알고 있었다.

늘 웃었다.
괜찮다고 말했다.
내가 그렇게 말해야
상대도 나도 덜 불편해질 것 같았다.

웃으며 견디는 마음은
소리 없는 울음과 닮아 있었다.
들키지 않으려 웃었다.
들키고 싶어 웃었다.

누군가 내 어깨를 건드릴 때까지 울지 않았다.
그 순간 눈물이 쏟아졌다.
나는 늘 가장 마지막에서 무너졌다.

참는 데 익숙한 사람은
도움을 청하는 법을 잊는다.
기대지 않는 쪽을 택하면서
조금씩 자신에게서도 멀어졌다.
나는 괜찮은 사람이 되고 싶었다.
끝까지 괜찮아 보이고 싶었다.
그 말이 나를 가장 아프게 했다.

몸이 먼저 안다

밤이 깊어지면
내 장기들은 묵묵히
멈추지 않고 과거를 꺼내 읽는다.

간은 슬픔을 해독하지 못하고
위장은 오래된 공포를 되새김질한다.
심장은 불규칙하게 속도를 올렸다 멈추며
그때의 소리를 따라 한다.

숨이 짧아지고 식은땀이 난다.
목이, 아무 일도 없었는데, 메인다.

누군가에겐 그저 여름밤이다.
모기 소리, 냉방기 바람, 고요한 가족의 숨결.
내 몸은 그 계절의 공기, 그 방의 조도,
그 벽 너머의 침묵을 품고 있다.

창문을 닫으면 폐가 조여오고
불을 끄면 눈동자가 안에서 맥박처럼 뛴다.
낮에는 멀쩡히 살아가다가
밤이면 내 신체는 진실을 토해낸다.

잊었다고 믿었지만, 사실은 한 번도 잊지 못했다.
말하지 않았을 뿐이다.

기억은 옅어졌어도 몸은 여전히 그때를 산다.
침묵하며 숨기며 견디면서도
밤마다 반복되는 고백처럼 스스로를 증언한다.

말하지 못한 고통을 몸은 배신하지 않는다.
살아남는다는 건 기억을 지우는 일이 아니다.
그 안에 머물며 나를 조금씩 바꾸는 일이다.

'잘 지내?'라는 말에 대하여

잘 지낸다는 말 앞에서 나는 늘 긴장했다.
그 말이 나오기도 전에 숨을 고르고 표정을 정리했다.
아무 일도 없는 얼굴처럼, 무너질 준비를 하는 얼굴처럼.

그 말은 늘 같은 어조였다.
밝고 가볍게, 오래된 인사처럼.
내게는 그 안에 질문이 숨어 있었다.

정말 괜찮은지, 아직 무너짐에 닿기 전인지.
말하지 않으면 아무도 모를 거라는 듯한 말.
그 말이 밝을수록 나는 더 조용해졌다.

어떤 날은 그 말이 부드러워서 더 아팠다.
"무슨 일 없었지"라는 질문이 스쳐 갈 때
나는 마음을 도려내듯 웃었다.

웃음은 진심이 아니었다.
방어에 가까운 표정이었다.

몸이 먼저 대답했고 입은 늘 늦었다.
"응 잘 지내."
그 말이 나오면 나는 나를 한 번 더 멈춰 세웠다.

잘 지낸다는 말은 누군가에겐 인사였지만 내겐 시험이었다.
조금만 흔들려도 들킬 것 같았다.
그래서 늘 같은 미소, 같은 말투, 같은 얼굴.
무너짐을 감춘 사람처럼 보이는 말.
사실 잘 지낸 적은 거의 없었다.
그 말이 진심이었다면 울었을지도 모른다.
그러나 울 수 없었다.
무너짐을 허락하지 않는 것만이
살아남는 법이었던 시절이 있었다.

어떤 날은 그 말이 늦게 도착했다.
이미 다 지나간 시간.
누군가 물어주지 않아도 스스로 일어나야 했던 계절.
내 어깨를 내가 감싸야 했던 새벽.

나는 그 말 앞에서 반듯했다.
아무렇지 않은 얼굴을 위해 감정을 눌렀다.

기억도 표정도 몸의 결도 반듯한 척했다.
솔직하고 싶었지만 안전하지 않았다.
웃으며 괜찮다고 말하는 순간에도 속은 조용히 무너졌다.

지금도 가끔 누군가 "잘 지내"라고 묻는다.
나는 웃는다.
조금은 다르게 조금은 단단하게 조금은 살아낸 사람처럼.
그러나 그 말은 아직 작은 진동으로 남아 있다.
무너질 것 같은 사람에게 가장 무심하게 던져졌던 말.
그 흔한 인사 앞에서 나는 늘 가장 오래 버텼다.

다섯

흔들려도
무너짐 없는 밤

참아낸 감정의 끝
기대하지 않는 연습
스스로를 끌어안은 고요

울지 않는 밤들

누군가는 눈물로 자신을 지킨다.
누군가는 눈물 없이 자신을 지운다.

나는 후자였다.

울지 않기 위해 이를 악물고 잠들었다.
눈물이 날 때마다 목을 조여 감정을 눌렀다.

책에선 표현되지 않은 감정은 사라진다고 했다.
그건 틀렸다.

말하지 않은 감정은 더 조용하게, 더 깊이
몸속 어딘가에 가라앉았다.
목 깊은 곳.
심장 아래.
골반 언저리.

밤이면 그 가라앉은 마음들이 천장을 뚫고 올라왔다.
그 마음이 내 몸을 다시 눌렀다.

잠들지 못한 밤, 나는 눈을 감았다.
우는 대신 숨을 길게 끌었다.
입술을 다물고 숨을 고르고
천천히 몸을 눕혔다.
하루가 지나갔다.
또 하루가 묻히듯 지나갔다.

울지 않는 건 강해서가 아니었다.
한 번 터지면 되돌릴 수 없음을 알았다.
그 무너짐이 얼마나 오랫동안 돌아오지 않을지
이미 알고 있었기에
나는 울지 않는 쪽을 택했다.

울 수 없는 사람이 되었다.
눈물 대신 침묵으로 무너짐을 건너는 법을
조용히 배우는 중이었다.

말 대신 남긴 것들

말을 삼킨 자리엔 침묵이 있었다.
비어 있는 것처럼 보였지만
오래된 것들이 가라앉아 있었다.

참은 눈물 자리엔 흘려보내지 못한 한숨이 걸렸다.
몸이 먼저 굳었다.
가장 먼저 굳은 건 어깨였다.

무너진 표정이 없다는 이유로
사람들은 다 괜찮을 거라 믿었을 것이다.
아무 말이 없다는 이유로
그 침묵을 무사함이라 착각했을 것이다.

나는 울기보다 참는 쪽에 가까웠다.
말하기보다 삼키는 쪽에 오래 머물렀다.
그렇게 조용히 스스로를 버티게 만들었다.

위로받은 기억보다 위로하지 않아도 될 말을
고르고 삼킨 날들이 더 많았다.
상처를 나누기보다 다치지 않는 방법을 먼저 배웠다.

지치게 한 건 폭풍이 아니라
아무 일도 일어나지 않는 길고 긴 고요였다.

말을 덜어낼수록 내 안의 무게는 늘어났다.
입을 닫고 아무 말없이 지나온 시간들이
내 안에서 천천히 굳어갔다.

어느 순간부터 내가 있다는 사실조차 나만 알고 있었다.
그 고요한 안쪽에서 나는 점점 더 조용해졌다.

감정의 끝에서

어느 날
슬프지 않았다.
아프지 않았다.
기쁘지도 분노하지도 않았다.

그저
아무것도 느껴지지 않았다.

울지 않는 날이 늘어났고
생각이 멎는 밤이 버릇처럼 반복됐다.

감정은 사라지지 않았다.
무뎌졌을 뿐이었다.

한때 전부 같던 마음도
이제는 소음처럼 스쳐 갔다.

울지 않는다.
기다리지 않는다.
기억 속 이름도 더는 부르지 않는다.

체념이 아니었다.
다 써버린 마음
닳아버린 감정
깊고 긴 침묵.

기대하지 않게 되기까지

처음부터 아무것도 바라지 않은 건 아니었다.
기대했다.
다정한 말 한마디.
머뭇거리다 건네는 눈빛
한 번쯤 돌아봐 줄지도 모른다는 가능성.

그 가능성들이 하나둘 무너질 때마다
나는 조금씩 기대하지 않는 사람이 되었다.

희망이 없어서가 아니었다.
희망이 너무 아팠다.

아무것도 바라지 않으면
아무것도 잃지 않는다는 걸
너무 오래 너무 자주 배웠다.

기대하지 않는 법을 배운 건
강해지기 위해서가 아니었다.
덜 아프기 위해서였다.

마음의 끝에는 무늬가 남는다

모든 것이 멀어진 줄 알았다.
어느 날 낯선 말투 하나에 숨이 걸렸다.
이름도 없는 향기에 눈이 멎었다.

스쳐 간 장면엔 더는 감정이 없었다.
그런데 몸 어딘가는 조용히 반응하고 있었다.
상처는 아물었지만
그 자리에 남은 무늬가 문득문득 살아났다.
소리 없이 분명히

누군가를 겪는다는 건
그가 남기고 간 흔적과 함께 살아가는 일이었다.
지우는 일이 아니라 함께 살아내는 일

감정은 사라지지 않았다.
형태를 바꿔 남아 있었다.
낡았지만 지워지지 않는 결
그건 잊음이 아니라 기억과의 공존이었다.

나는 지금
그 오래된 무늬와 평화롭게
지내는 법을 배우는 중이다.

무게를 나누는 일

말을 삼키던 날들이 있었다.
"괜찮아" 그 한마디조차
내 균열을 들킬까 묻지 못했다.

안심시키는 쪽은 늘 나였다.
웃고 넘기고 버티는 쪽
그러다 보면 정말 괜찮아질 줄 알았다.

사실은 무너짐에 잠기지 않으려고
단단한 척을 한 거였다.
강한 사람이 되고 싶었던 게 아니었다.
아무도 내 속을 보지 못하길 바랐다

이제는 조금씩 안다.
무게는 나눈다고 가벼워지지 않는다.
다만 함께 버틸 수 있게 된다.

내 안의 말들을
조금씩 꺼내본다.
누군가의 어깨를
조심스럽게 바라보며

모른 척하고 싶던 밤

감정이 사라진 건 아니었다.
다만 다뤄야 할 일들이 늘어났고
그 일들에 밀려
감정의 자리는 자꾸 뒤로 물러났다.

누군가는 그걸 이겨낸 것이라 불렀지만
내겐 그저 미뤄둔 감정일 뿐이었다.

누구나 한 번쯤은
멈춰 서 있는 때에
스스로를 내버려두는 밤을 지나야 한다.

울지 않아서 괜찮은 게 아니었다.
그냥 울지 않기로 했을 뿐인데
사람들은 강하다고 말했다.
그 말이 오히려 더 외로웠다.

기운 빠진 웃음 하나
다 끝난 줄 아는 눈빛 하나
나는 일부러
표정조차 단순하게 고르게 됐다.

이런 밤에는
어디가 아프다고 말하지 않아도
누군가 알아차려 주었으면 좋겠다.

밤은 결국 지나갔다

사실 오래됐다고 생각했다.
다 지나간 일이라고 이제는 아무렇지 않을 거라고
그런데도 불 꺼진 방에 앉아 있으면
그때의 온도와 말투가 아무 예고 없이 돌아왔다.

냉장고 문을 열다 멈추고
연락처 목록을 지우다 멈추고
다시 올 수도 있었던 장면들이
지워지지 않은 채 접혀 있다는 걸 알았다.

애써 잊으려 한 적은 없었다.
그저 그 밤을 조용히 지나가려 했을 뿐이다.
지나갔다는 게 끝났다는 뜻은 아니라는 걸
그제야 알게 됐다.

누구에게도 꺼내지 않은 이야기는
시간에 흩어지지 않는다.

밤마다 다른 무게로 쌓이며
감정의 형태로 남는다.

나는 안다.
그 무게는 사라지지 않는다는 것을
다만 함께 살아내야 한다는 것을.

무뎌진 줄만 알았다

아프지 않았던 건 아니었다.
소리를 내지 않았을 뿐
말로 꺼내지 않았을 뿐.
그 자리에 오래 머무는 통증을
조용히 숨을 삼키며
그 시간 한가운데 서 있었을 뿐이었다.

괜찮은 줄 알았다.
하루가 지나고 며칠이 쌓이면
정말 아무렇지 않아질 줄 알았다.
무뎌졌다고 믿고 싶었다.
잊었다고 착각했다.

누군가의 말 한 줄에 숨이 멎었다.
익숙한 목소리에 가슴이 저렸다.
지나간 감정은 사라지지 않았다.
흔들리지 않는 척
고요히 잠들어 있었을 뿐이다.

괜찮아진 게 아니었다.
아픔과 함께 살아가는 법을 조금씩 익히고 있었을 뿐이다.
티 내지 않는 법
속을 들키지 않는 말투
견디는 얼굴의 모양을
익숙하게 연습해온 날들이었다.

모른 척하지 않는다.
안 괜찮을 수도 있다는 것을 받아들인다.
그 마음에 자리를 내어준다.
몰아내지 않고 감추지 않고
곁에 두고 살아간다.

설명하지 않아도 괜찮다.
다 말하지 않아도 스스로 안다.
그 침묵은 나를 지탱하는 가장 단단한 힘이 되었다.

무뎌진 줄 알았던 감정은 지워진 게 아니었다.
바닥으로 내려가 조용히 식고 있었을 뿐이다.
보이지 않는 곳에서 천천히 살아 있었다.

흔들지 않는다.
깨우지 않는다.
그 곁을 조용히 지나가는 법을
조금씩 배워가는 중이다.

유난스럽지 않은 고백

누군가 앞에서 울면 진 거라 믿었다.
약해지면 떠밀린다고 생각했다.
살기 위해선 단단해야 했다.
아무 일도 없는 얼굴로
끌어안는 사람이 되기로 했다.

먼저 웃고
먼저 넘기고
먼저 참았다.
슬픔이 들킬까 봐
끝까지 울지 않았다.

기억나는 장면이 있다.
한밤중 세면대에 기대
머리를 감다 말고 주저앉은 적이 있다.
물은 멈췄고
손끝은 젖어 있었지만
울음은 끝내 나오지 않았다.

그렇게 시간을 지나 알게 되었다.
곁이 기울어도
내부까지 침잠하는 것은 아니라는 것
남는 것도 떠나는 것도
강한 사람만의 일이 아니라는 것.

"괜찮아?"라는 말에
예전의 나는 "응, 잘 지내"라고 답했다.
요즘의 나는 "아니, 좀 그래"
조금은 솔직해졌다.
무거운 건 무겁다고 말한다.
피곤한 날엔 조용히 등을 기댄다.
누군가의 위로 앞에서
괜히 웃지 않는다.
그 말이 전부가 아니더라도
그 마음이 다 닿지 않더라도
센 척하지 않아도 된다는 것.
그것만으로도
살아갈 만한 날이 된다.

지금의 나는
덜 단단하다.
그만큼 더
살아 있다.

내가 나를 안아야 하는 밤

말을 꺼내지 못한 날들이 있었다.
침묵은 숨기기 위해서가 아니었다.
무릎 끝까지 차오른 말들을
어디까지 꺼내야 덜 아플지 알 수 없었다.
설명하면 더 고요해지는 마음이 있었다.
외로움은 설명 뒤에 더 단단해졌다.
그래서 아무 말도 하지 않았다.

누군가 다가와 왜 그러냐 묻는 순간
몸이 먼저 뒤로 물러섰다.
괜찮다는 말이 목을 타고 올라갔고
거짓말을 하고 나서야 눈물이 고였다.

혼자였던 밤보다
사람들 틈에서 마음이 비껴갈 때가 더 시렸다.
말이 많아질수록 속은 더 단단해졌다.

그 밤들 나는 내 무릎을 감쌌다.
어깨를 스스로 덮었다.
차가운 방 안 낮은 체온 위로
손등의 온기가 스며들었다.

누군가의 위로보다
내가 내게 건넨 말이 더 가까웠다.
조금만 더 가보자.
그 말이 그 밤의 전부였다.
내가 나를 안아야 했던 이유는 하나였다.
아무도 이 마음의 정확한 온도를
끝까지 짚어주지 못했기 때문이다.
그럼에도 살아야 했기 때문이다.

'잘 지내?'라는 말에 대하여

"잘 지내?"는 질문의 형태를 하고 있지만
무엇을 알고 싶어서 묻는 말은 아니다.

이 문장은 대화를 열기 위해 가장 먼저 꺼내는 신호에 가깝다.

상대를 이해하기보다
말을 시작해도 되는지를 확인하는 절차.

내용보다 순서가 먼저 작동한다.
침묵과 발화를 나누는 경계,
낯선 기류를 말로 전환하는 입구.

이 말이 도착하면
상대가 감당할 수 있는지부터 판단된다.
상태보다 참여 의사가 더 빨리 읽힌다.

"잘 지내?"는 관계의 거리를 측정하는 데에도 쓰인다.
응답의 길이, 간격, 말투.

그 안에 머무르는 정도가 드러난다.

대부분의 대답은 비슷한 방향으로 정리된다.
짧고, 무난하고, 문제없다는 쪽으로.
실제보다 유지 가능한 형태가 우선된다.

이 문장은 상황을 안정적으로 보이게 만드는 장치가 된다.

자주 사용할수록
의미는 흐릿해지고
형식은 단단해진다.

가까워지기 위한 다리처럼 쓰이기도 하고
의무를 수행하는 서명처럼 쓰이기도 한다.

어떤 경우엔
대화를 끝내는 표시가 된다.
"잘 지냈어?"
"응, 너는?"
"나도."
그 이후의 침묵은 사실상 작별에 가깝다.

같은 문장인데
입구가 되었다가 출구가 된다.

"잘 지내?"는 감정보다 위치를 보여준다.
묻는 쪽은 이 관계에서 자신의 자리를 확인하고,
듣는 쪽은 그 자리에 맞는 태도를 고른다.

이 말이 오갈 수 있다면
아직 연결은 가능하다는 신호다.
이 말이 사라지는 순간
이미 구조는 달라져 있다.

어떤 사이는
이 네 글자만으로도 이어진다.
더 알지 못해도
이 문장을 주고받는 동안은
끊어지지 않는다.

어떤 사이는
이 말조차 꺼낼 수 없을 때
이미 너무 멀리 있다.

"잘 지내?"는
감정을 묻는 말이 아니라
관계를 작동시키는 언어다.

이 말이 쓰이는 순간,
상대는 나를 어떻게 다룰지,
어디까지 들어올지,
얼마나 남을지를 보여준다.

나는 이 문장을
뜻으로 해석하지 않는다.
용도로 구분한다.

확인,
의무,
거리 조정,
시작,
마무리.

형식은 같아도
의도는 매번 다르다.

이제는
단어보다 상황 전체를 먼저 본다.
이 표현이 등장하는 타이밍,
멈추는 길이,
남기는 간격.

"잘 지내?"는
상대가 나를 어떤 방식으로 다루려는지
가장 먼저 드러내는 문장이다.

그 의도가 드러나는 순간, 말은 형식일 뿐이다.

여섯

사라지는 사람들, 남겨진 마음

천천히 줄어든 말들
보이지 않게 멀어진 거리
기억조차 조용해지고
아무도 모르게 남은 마음.

손을 놓는 연습

사람은 한순간에 사라지지 않는다.
대개 아주 느리게 무너진다.

말이 줄고 눈빛이 흐려지고
웃음의 결이 달라진다.
어느 날은 대답이 늦어진다.
스스로 지워지는 방식이었다.
그 과정을 몇 번이나 겪었다.

서운함은 말없이 남는다.
방문을 닫고 돌아서던 공기처럼
말하지 않아서 멀어지고
묻지 않아서 사라진다.

버려졌다는 감정보다
조용히 사라지는 쪽이 훨씬 무서웠다.

어디서부터였을까
무엇을 놓쳤던 걸까
그 질문들이 한동안
침묵보다 더 크게 울렸다.

사라짐은 죽음과 다르다.
죽음엔 이유가 있고 끝이 있다.
사라짐엔 설명도 방향도 없다.
떠난 것이 아니다.
함께하지 않기로 한 것이다.
그 단순한 사실을 받아들이기까지
긴 시간이 흘렀다.

끝까지 남는 사람이 있고
처음부터 머물지 않을 사람도 있다.

잡아 두려 애쓰다 무너진 날들
그 무너짐에서 조용히 빠져나온 지금
더는 그렇게 부서지지 않기로 한다.

사라짐은 슬픔이 아니다.
흔적이다.
지워지는 것이 아니라
그저 지나가는 것일 뿐이다.

붙잡지 않고 바라보는 법

지나가는 것들 앞에서 한참 망설인 끝에 알게 되었다.

잡으려는 쪽이 더 간절해 보였고
남으려는 마음은 대개 조용히 무너졌다.

말하지 못한 감정들이
시간 아래 느리게 가라앉은 뒤
숨이 붙어 있는 일부터 하나씩 배워야 했다.

떠난 이를 용서한 건 아니다.
감정은 멈추지 않았고
용서는 언어가 되지 않았다.
다만 시간이 흘렀고 무게가 남았다.

흐르는 것들 속에서 남은 건 마음이 아니었다.
불쑥 찾아드는 냄새와 온도
문득 닿는 기억의 결
그저 숨만 쉬는 하루들.

무언가를 다짐하지 않았다.
되돌아오는 감각이 있었다.
한때 사라졌던 존재가
조금씩 제자리를 찾아오는 일.

이제는 떠난 사람을 다시 바라보지 않는다.
그보다 더 오래 보지 못했던 쪽을 향해
조용히 고개를 든다.

아주 느린 이별

어떤 이들은
인사말 하나 없이 사라졌다.
끝이라는 말도 없었고
다정한 얼굴을 지닌 채
조금씩 멀어졌다.

이별은 대개 그렇게 시작되곤 했다.
무너짐이 스미지 않은 표정
익숙한 인사를 건넨 뒤
조금 더 천천히 물러나는 발걸음.

매일의 공기를 함께 마시고
밥을 나누고
웃음을 섞던 사람
이름을 부르던 순간이 줄어들고
말없는 시간이 조금씩
틈처럼 벌어졌다.

묻지 못한 말들이 있었다.
혹시 더 멀어질까 봐
혹시 내가 스스로 민감한 건 아닐까 봐
마음을 접는 대신
입술을 접었다.

머물게 하지 않은 건
결국 사라질 마음이라는 걸
이미 알고 있었기 때문이었다.
끝을 말하지 않는 사람 앞에서
기다림만 오래 남았다.
그 기다림이
이별의 다른 이름이었다는 걸
늦게야 알게 되었다.

먼저 사라진 쪽은
늘 더 오래 준비했던 쪽이었다.
그 준비는 조용했고
그 침묵은
예고가 아니라 결심이었다.

가장 느린 이별은
가장 조용한 방식으로 시작되었다.
마치 아무 일도 없었던 사람처럼.

줄어든 대화와 마음

함께하던 말들이 줄었다.
처음엔 바쁨이라는 말
그다음은 피곤하다는 문장
차차 물음은 사라졌고
이름은 불리지 않았다.

거리가 먼저였는지
마음이 먼저였는지
확실하진 않다.
변한 건 사람보다
대화의 온도였는지도 모른다.

문장이 짧아지고
침묵이 잦아지면
마음은 어느 틈에
타인의 것이 된다.

기억 속 얼굴은 여전히 부드러웠다.
그러나 같은 이름을 불러도
전혀 다른 사람이 대답했다.

무너짐은 언제나 조용했다.
말 한 줄, 대답 하나
차곡차곡 쌓이다 보면
어느새 전혀 다른 둘

남은 건
끝내 보내지 못한 문장
누르지 못한 전송 버튼 아래
가라앉은 마음 하나

그렇게 줄어든 대화 속에서
무언가는
더 이상 닿지 않았다.

조용한 거리 두기

어느 순간부터
먼저 말을 거는 일이 줄어들었다.

무심해서가 아니었다.
조용히 놓아주는 방식이
더 오래 아프지 않게 한다는 걸
조금씩 알아갔다.

천천히 멀어지는 사람들.
눈에 띄지 않을 만큼 느리게,
질문을 남기지 않게,
다정함을 흘리며 사라졌다.

왜였는지, 언제부터였는지
굳이 묻지 않았다.
묻는 쪽이 먼저 상처받는다는 걸
이미 여러 번 겪은 뒤였다.

거리는 대화로 좁히는 게 아니었다.
대부분의 감정은
질문보다 먼저 끝나 있었다.
언젠가는 몰랐던 감각,
지금은 분명해졌다.
더 이어지지 않아도 괜찮은 사람.
그런 관계가 있다는 것.
그런 순간이 온다는 것.
인연은 굴러오지 않았다.
느리게 멀어지는 뒷모습으로
작아지고, 사라졌다.

그럴 때마다 창문을 닫았다.
아무 일 없다는 얼굴로.

남은 감정은 없었다.
다만,
사라짐에도 예의가 있었다면
이름을 더 오래 기억하진 않았을 것이다.

흘려보내는 일

잠시 머물다
머물지 않기로 한 사람이 있었다.
말없이 지나가며 뒷모습만 남겼다.
붙잡지 않았다.
붙잡히지도 않았다.

머무는 일은 한쪽 뜻만으로 정해지지 않았다.
사람도, 감정도 억지로 붙들면 더 빨리 사라졌다.
흘러가게 두었을 때만 덜 다칠 수 있었다.

잃은 건 사람이 아니었다.
함께 있던 시간이 끝났을 뿐이었다.

오래 품는 마음엔 무게가 들었다.
놓는 일은 가벼운 손짓으로 끝나지 않았다.

떠나는 뒷모습에
무언가를 묶어 두지 않는 일,

그게 전부였다.

머무는 것도, 떠나는 것도 각자의 몫이었다.
그 몫을 침묵으로 받아들이기까지는
시간과 단념이 필요했다.

단념이 쌓이며
감정에도 무게를 달지 않게 되었다.
빈자리를 메우려 하지 않고
이름 없는 마음으로
그저 조용히
흘러가게 두었다.

마음은 먼저 알았다

감정은
말보다 먼저 움직였다.

대답이 늦은 밤이면
손끝이 먼저 긴장했고
익숙한 말투가 낯설게 바뀌는 순간
가슴 아래쪽에서
무언가 아주 느리게 식어갔다.

이별은
통보로 오지 않았다.
대부분은
말 이전의 공기에서 시작되었다.
그 공기를
몇 번쯤 마신 뒤에야
비로소 이야기가 되었다.
그때쯤이면
감정은 이미 다 식어 있었다.

끝은
늘 사소한 데 있었다.
빠진 인사,
익숙하던 말투의 빈자리,
오래 함께한 사람만이 알던
버릇 하나쯤을 잊어버리는 순간.

그런 방식으로
마음은 먼저 짐을 쌌고
남은 온기는
한참 뒤까지 자리를 지켰다.

흔적은 지우지 않았다.
지운다고
사라지는 건 아니었다.
남은 기척과
말없이 남긴 마음 몇 개,
그것들을 데리고
천천히
일상을 정리해 나갔다.

이상할 것 없는 날의 기록

햇빛은
조금 차가웠다.

창밖 나뭇잎 그림자가
담장 위로 미끄러졌다.
멈춰 있는 듯했지만
아주 느리게 움직였다.

어떤 얼굴이 떠올랐다.
마주 앉았던 날,
그의 표정 위로도
이런 그림자가 흘렀다.
침묵이 길었고
숨결의 리듬조차
조금씩 어긋나던 시간.

기억은
항상 장면으로 돌아왔다.

냄새,
빛의 각도,
피부에 닿던 온기.
말보다 오래 남는 것들은
대개 말이 아니었다.

그날도
이상한 건 없었다.
사라짐은 언제나
그런 방식이었다.
무너짐 없는 얼굴
아무 말없이,
천천히 익숙한 하루로
섞여 들어가던 뒷모습 하나.

끝내 나란히 걷지 못한 길

처음엔 모든 발걸음이
한쪽을 향하고 있었다.
숨결 하나까지도
같은 리듬으로 걸었다.
언제나 나란히,
같은 속도로
서로를 따라 걸을 줄 알았다.

그 시절은
길 위에 온기를 남겼다.
같이 웃던 순간들,
서로의 문장을 이어가던 밤들.
그 믿음은
당연한 것처럼 오래 머물렀다.

어느 날,
걸음이 반 박자 느려졌다.
눈빛이 머무는 곳이 달라졌다.

침묵은 길어졌고
익숙하던 말투가
조금씩 낯선 언어로 바뀌었다.

몸은 곁에 있었지만
마음은 저만치 먼저
다른 계절을 걷고 있었다.

멈춰 서서
기다린 적도 있었다.
다시 발을 맞추면
예전으로 돌아갈 수 있을까.
그 바람이
속으로 무수히 스쳤다.

말 대신
발끝이 대답했다.
속도는 돌아오지 않았고
나란히 걷던 그림자는
길 위에서
조금씩 어긋나기 시작했다.

그 길의 끝에서
더는 함께 걷지 않아도 괜찮다는 것을
서서히 받아들였다.

인연은
끝까지 함께 걸을 수 있을 때만
의미 있는 게 아니었다.
한 시절
나란히 걸었다는 사실만으로도 충분했다.

남은 마음은
남은 자리에서만 지켜진다.
머물라고 애쓰지 않았고
멀어지는 길을 막지도 않았다.
그저
거기까지였던 걸음 하나를
조용히 보내는 일.

이제는 붙잡지 않는다

사람은
인연의 길이만큼 머문다.
이름을 남기지 않아도
흔적은 남는다.
물처럼 스며들고
바람처럼 빠져나간다.

어느 날부터
웃음의 결이 달라졌다.
눈빛은 잠시 머물다
조금 일찍 멀어졌다.
덜 사랑받던 날들이
몸에 먼저 새겨졌다.

그 장면들을
몇 번이나 되짚던 밤이 있었다.
무엇이 잘못된 건지,
어디서부터 무너졌는지.

손끝으로 헤아리듯
아픔을 확인했다.

그런 기록은
결국 아무것도 아니었다.
상처는
가만히 두어야
아물었다.

누군가는 떠났고
다른 누군가는 남았다.
그 사실만으로
이야기는 완성되었다.
붙잡지 않았다.
놓는 순간
비로소 자리를 찾을 수 있었다.

무너짐이 아니라
정리였다.
외면이 아니라
흐름이었다.

애쓰지 않아도
끝나는 인연이 있었다.
기한을 다한 마음은
말없이 저물었다.

지금은 지나간 것에
예의를 갖는다.
흔들림 없이
조용히
보내는 쪽을 선택한다.

'잘 지내?'라는 말에 대하여

그 말은
늘 그 사람보다
그때의 숨을 먼저 흔들었다.

어떤 감정은
묻는 쪽이 아니라
기억하는 쪽에 남았다.
잘 지내는 일과
잘 지내는 척은
비슷해 보였지만
서로 다른 온도를 가졌다.

사라진 사람을 오래 붙잡은 건 아니었다.
떠나기 전의 누군가가
머물던 내 안의 풍경이
아직 정리되지 않았을 뿐이다.

그 시절,
조심스레 감정을 다루던
믿음 하나, 말 하나,
망가지지 않게 쥐고 있던
손끝의 따뜻함.
그 시간을 외면하면
어쩐지 나까지
함께 지워질 것 같았다.

흔적은 사라졌지만
그 안을 지나간 감정의 결은
피부에 스민 결처럼
어딘가 남았다.

그 마음을 지운 게 아니라
그 마음을 가졌던 나를
끝내 버리지 못한 것.

시간은 흘렀고
계절은 바뀌었고
사람은 떠났지만

어딘가,
아직도,
그때의 숨이
나를 바라보고 있었다.

일곱

아직도
가끔 아프다

아무 일도 없던 하루
조용히 스며든 기억
사라지지 않은 마음의 결…

마음이 마를 때

감정은
끝나는 방식이 늘 엉성했다.
정리하려 할수록 표정은 더 어색했고
말은 조금씩 부서졌다.

서로의 말이 끊긴 오후
빛은 느리게 식었고
이름 없는 적막이 창 너머처럼 번졌다.
무릎 위에 올려둔 손
남아 있는 온기
그 위에서 마음 하나가
조금씩 말라갔다.

익숙한 생각들이
낡은 옷처럼 몸을 감쌌다.
움직이지 않는 하루
그 안에서
아무 일 없는 사람인 척

숨을 고르며 버텼다.

아프다는 말은
목 끝까지 차올랐지만
끝내 꺼내지 않았다.
무뎌진 감정은 오히려 오래 견디는 방식이었다.

"잘 지내요?"
누군가 물어올 때마다
그 대답은 상태가 아니라
습관에 가까웠다.
설명이라기보다
절단에 가까운 대사.
이야기를 닫는 말.
그 말이 닿기도 전에
마음은 조용히
제자리를 떠나고 있었다.

말보다 먼저 식은 마음은
느리게, 그러나 분명하게
바닥으로 내려앉았다.

저무는 감정 하나,
남겨진 몸만
시간 속을 걸었다.

어떤 마음은
끝났다는 말조차 없이
말라간다.
소리 없이
결을 잃은 천처럼
어딘가에 조용히
접혀 남는다.

일곱. 아직도 가끔 아프다

무해해지기 위한 연습

사람을 미워하지 않기로 한 날
가장 먼저 익힌 건 모르는 척이었다.
알면서도 모른 척
속이 바싹 말라갈수록
입가에 부드러운 곡선을 그렸다.
예의처럼 붙은 웃음
예감처럼 스쳐 가는 감정.
무해한 사람이 되고 싶었다.
상처를 남기지 않는 사람.

말을 줄였고 감정을 눌렀다.
감당하기 벅찬 마음부터
끝내 이해받지 못할 문장들까지
조금씩 덜어냈다.
말을 고르기보다 침묵을 익혔다.
저항보다 표정을 정리하는 쪽을 선택했다.
조용한 얼굴 아래
수없이 부서지는 마음이

소리 없이 지나갔다.

비워냈다고 믿었던 마음은
어느 날 기척도 없이 돌아왔다.
새벽이었다.
무너짐도 울음도 없이,
빛보다 먼저
틈으로 스며들었다.
끝내 꺼내지 않았던 감정은
안쪽에서 작은 금으로 천천히 갈라졌다.
무해하다는 말
아무에게도 상처 주지 않는 상태.
그 안에서 오히려
서서히 자신을 잃어가는 얼굴이 있었다.

침묵을 선택할수록
몸보다 마음이 먼저 투명해졌다.
감정에는 이름이 없었다.
붙일 필요도
붙일 수 있는 단어도 떠오르지 않았다.
어떤 감정은 올라오기 전에 가라앉았고

어떤 감정은 다녀갔는지도 모르게 스쳐갔다.

가만히 머물다
말없이 빠져나가는 마음.
흘려보내도 사라지지 않았고
밀어내지 않아도 어딘가에 남았다.

설명하려 할수록 모양은 흐려졌다.
사랑인지, 미움인지, 상처인지, 허기인지
더는 분간할 수 없었다.
말로 꺼내는 순간 감정은
훨씬 가볍거나, 훨씬 무거워졌다.
그래서 말하지 않았다.
설명하지도, 증명하지도 않았다.

끝났지만 끝났다고 말할 필요 없는 것.
아팠지만 다시 꺼내지 않아도 되는 것.
그런 감정도 있다는 걸
조금씩 받아들이는 중이다.

무뎌진 게 아니었다.

오히려 더 또렷해졌다.
모든 감정에 의미를 부여하려는 습관을
조용히 내려놓는다.

말하지 않아도
지워지지 않아도
그 자리에 조용히 두는 것으로
충분한 감정이 있다.
어떤 감정은 이름을 잃어야 오래 머물고
어떤 기억은 뜻밖의 순간에 살아난다.

살면서 흔들림에 휘둘리지 않기 위해
무던해진 게 아니었다.
무너짐조차 괜찮은 날이
분명히 존재한다는 걸 알게 되었다.

굳이 말로 꺼내기보다
살아내는 쪽으로 기울었다.
지금은 그저 살아내는 것으로
마음을 대신하는 날들이
조용히 늘어나고 있다.

이름 붙이지 못한 감정들

기억 하나
문득 떠올랐다.
예전 같았으면
조금은 무너졌을 장면.

지금은
그저 바라볼 수 있는 거리.
아무렇지 않다고는
끝내 말하지 못했다.
휘청이지 않을 뿐이었다.

창문을 닫던 오후
예고 없이 바람이 들이쳤다.
커튼 끝이 흔들렸고
몸이 잠깐 멈췄다.
그날과 닮은 공기였다.
말없이 돌아서던 뒷모습,
닫히는 문,

남겨진 공기.
말은 없었고
설명도 없었다.

그 공기는
더 이상 방 안에 없었다.
하지만
몸 어딘가,
쉽게 닿지 않는 자리에서
조용히 머물렀다.

기척이 스쳤다.
끌어당기지 않았고
등을 돌리지도 않았다.
그저
지나가게 두었다.

감정은
끝나기보다는
서서히 익숙해지는 쪽에 가까웠다.

사라진 것이 아니었다.
묻혔을 뿐이었다.
휘청이지 않아도
여전히 남아 있는 것.

아무 말도 하지 않는 감정.
시간 속에
자기 자리를 만들고
말없이
내 안에 앉아 있었다.

그저 지나가도록 두는 연습

어느 날부터
마음의 무너짐 속도를
그냥 두었다.

감정이 올라올 때마다
이름을 붙이지 않았다.
해석하지 않았다.
지나가는 것들을
그대로 두었다.

젖은 의자에 앉은 기분.
등을 타고 내려가는 물기.
어디선가 스며든 감정이
하루 속을 몇 번씩 통과했다.

어디가 아픈지도 모른 채
무언가를 움켜쥐고 있었다.
쥐고 있는 줄도 몰랐다.

손을 펴보면
안엔 아무것도 없었다.

울고 싶은 날이 있었다.
눈물은 나오지 않았다.
무너졌다고 생각했지만
무너진 자리는 보이지 않았다.
흔적이 없어
더 아팠다.

소리를 내지 않았다.
무언가를 부수지 않았다.
누구를 탓하지 않았다.
원망도 하지 않았다.

말보다 오래 남는 감정이
아주 조용히
몸 안에 누워 있었다.
사라지지 않았다.
남아 있었다.
버티는 쪽이 아니라

그저 있는 쪽에 가까웠다.

'견뎌야 한다'라는 마음이
서서히 흐려졌다.

손을 놓아도 되는 순간이 있다는 것.
감정이 저절로 지나가는 날이 있다는 것.
늦게야
조금씩 배웠다.

붙들지 않았다.
지우려 하지 않았다.
무게를 재지 않았다.
그날의 감정이
그날의 날씨처럼
잠시 머물다
자기 속도로 사라졌다

아직 머무는 마음

모든 감정은
사라지지 않았다.

말하지 않았다.
내보이지 않았다.
덜어 내지도 않았다.

잊었다는 말
지웠다는 말
모두 스스로를 납득시키기 위한 연습이었다.

사라졌다고 믿었던 감정은
낯선 이름으로 돌아왔고
끝났다고 생각했던 마음은
언제부턴가 말없이 눌러앉아 있었다.

기억의 가장자리
오래된 장면의 뒤편.

눈을 돌려도 흩어지지 않는 기적.

없애려 하지 않았다.
붙들지도 않았다.

스스로를 해명하지 않았고
누군가에게 증명하지도 않았다.
그저 그 감정이 아직 내 안에 있다는 사실을
인정했다.

움직이지 않아도 사라지지 않았다.
말이 없지만 소멸하지 않았다.

이름을 잃은 감정 하나.
결론도 없고 방향도 없고 뜻조차 불분명했지만
그대로 살아 있었다.

마음 안에 고요히 자리한 온도.
다시 흔들지 않아도 이미 충분한 존재감.

사라지지 않아도
끝나지 않아도 괜찮을 수 있다는 마음.

움직이지 않아도
머무르고 있다는 것만으로
감정은 이미 자신의 일을 다하고 있었다.

살아 있다는 건
때로 잊히지 않은 마음을
지금 이 자리에 두는 일.

그 마음이 말없이 남아 있는 것만으로
나는 내 안의 무언가가
아직 충분하다는 것을 알고 있었다.

아무 일도 없던 날처럼

방 안엔
물의 소리가 오래 머물렀다.
끓고 있는 물이 아니라
끓고 난 뒤의 고요.

시선은 테이블 너머에 멈췄고
기울어진 하늘빛이
창문 위를 미끄러졌다.
덜 접힌 구름이
천천히 퍼지고 있었다.

컵을 들었다.
무게는 변하지 않았다.
남은 액체는 미지근했고
입술은 조용했다.

감정은 움직이지 않았다.
공기보다 느리게

자리를 지키고 있었다.

누군가의 이름도,
어떤 장면도
입안에서만 맴돌다
끝내 말이 되지 않았다.

말이 줄어든 게 아니라
쓸 수 있는 단어가
조금씩 사라지고 있었다.
조용히 놓아둔 마음은
무언가라 부르지 않았다.
물건도 아니고
기억도 아니고
그저 지금도 거기 있는 무엇.

무사한 하루들이 지나갔다.
괴롭지 않았고
그렇다고 가볍지도 않았다.

기억하려 하지 않았다.
지우려 들지도 않았다.
기억과 망각의 중간쯤
이름 없는 지점.

걸어가고 있었다.
무너짐도 오름도 없는 걸음

누가 묻는다면
살고 있다고,
아주 작게 말할 수 있을지도 모른다.

감정의 저편

어느 날부터
슬픔이 닿아도 아프지 않았다.
심장은 천천히 뛰었고
눈은 마른 채 오래 머물렀다.

기쁨도 비슷했다.
가슴은 반응하지 않았고
움찔하거나 벅차오르는 일은 없었다.

무덤덤도 무감각도 아니었다.
오래 정념에 잠긴 사람의 표면이었다.
젖은 천이 햇빛 아래서 말라가는 속도처럼
겉은 말랐지만 속은 여전히 축축했다.

젖은 마음이 들킬까 숨부터 고르곤 했다.
말을 고르기보다 목을 넘기지 않는 쪽을 택했다.
선을 긋기보다 은밀히 감췄다.
거리를 만들기보다 그 자리를 비웠다.

누군가 웃어주면 먼저 표정을 지웠다.
웃음이 감정에서 비롯된다는 걸
모르는 얼굴처럼.
빛이 닿지 않는 곳에 감정 하나 움츠렸다.
불러내도 빛이 닿지 않는 거리.
손이 닿지 않았고 이름도 붙지 않았다.

사라진 게 아니었다.
잊힌 것도 지워진 것도 아니었다.
말라버린 감정 뒤편에 오래 머물렀을 뿐이었다.

말하지 않았다.
흔들리지 않았다.
그 감정이 아직 내 안에 있다는 사실을
조용히 받아들였다.

살아 있다는 건 때로
감정을 꺼내지 않은 채
그 자리에 두고 움직이는 일이었다.
살아지는 날들이었다.

감정이 다 나은 건 아니었다.
잊었다고 말할 수 없었고
괜찮다고 대답하기엔 몸 어딘가가 자주 무거웠다.
속은 축축했고 눈꺼풀은 눌려 있었다.
말할 수 없는 감정들이 몸 안에 고요히 떠 있었다.

시간이 지나면 괜찮아진다는 말은
가끔 너무 무심하게 들렸다.
그 무심함 속에 구원이 숨어 있을지도 모른다는 생각을
잠깐 기대해본 날도 있었다.
감정은 멈춰 있거나 멀어졌거나
같은 자리를 맴돌았다.
다친 줄도 모르고 걷다가
늦게야 고개를 숙이며 상처를 들여다보는 일.

말보다 숨을 고르는 쪽을 택했고
감정보다 몸이 먼저 움직였다.

일상은 기다려주지 않았다.
시간은 질문하지 않았다.
해야 할 일들이 하나씩 정확하게 밀려왔고

나는 멈추지 않았다.
느낄 틈 없이, 생각할 겨를 없이 몸을 움직였다.
움직이는 것이 책임이었고 삶이었다.

'괜찮다'라는 말은 입에서 멀어졌고
대신 손을 움직였고 문을 열었고
눈을 감았다가 다시 떴다.

그렇게 하루를 해냈다.
해냈다고 느끼지 못한 날까지도 그저 지나갔다.

감정은 매일 조금씩 다쳤고
아무렇지 않은 척 매일 다시 꿰매졌다.
회복이라 부르기엔 불완전한 상태.
그저 살아내는 몸이었다.

무너졌던 지점에 앉아 숨을 고르고 다시 일어나는 일.
일어날 수 없으면 그 자리에 오래 머무르는 일.

누더기처럼 이어 붙인 마음으로도
하루는 또 하루를 데리고 왔다.

조금씩 엉킨 마음을 품에 안은 채 매일 같은 자리에 섰다.
아무에게도 들키지 않게
아무 일 없는 얼굴로 살아지는 날들이 있었다.
누가 손을 잡아준 것도, 안아준 것도 없었다.
내가 나를 다독인 것도, 용기를 낸 것도 아니었다.
시간이 내 등을 떠밀었고 공기가 내 몸을 지나갔다.
나는 버티지도 포기하지도 않은 채 그저 있었다.
움직이지 못한 몸이 시간 위에 잠깐 놓여 있었다.
그걸 강함이라 부르지 않았다.

살아졌을 뿐이었다.
견디다 보니 어느 결에선가 조금씩 살아졌을 뿐이었다.
살고 있다는 실감 없이 살고 있는 상태.
그건 생의 한 방식이었다.

파도처럼 밀려왔다가
어느 날 스스로 밀려 나가는 방식.

비워진 자리 위에, 다시

다 끝난 줄 알았던 자리.
텅 빈 마음이 오래 머물던 풍경.
그 위에 어느 날,
조용히 무언가가 쌓이고 있었다.

소리도 없이, 모양도 없이
조금씩, 아주 조금씩.

기억은 여전히 아팠다.
다 지나갔다고 믿었지만
그 아래엔 오래된 통증이 남아 있었다.

그 아픔 위로 햇빛이 머물렀다.
치유하려는 것도,
애써 따뜻하게 만들려는 것도 아닌
그저 빛의 무심한 방향이었다.

아주 잠깐, 바람이 스쳐갔다.
불지 않으면 몰랐을 자리를
건드리듯 지나갔다.
닫아 두었던 창을 열었다.
굳은 손으로 천천히 창틀을 밀었다.
창 안 가득 쌓였던 먼지가
빛을 따라 흩날렸다.

바깥을 바라보았다.
익숙하지 않은 거리.
낯설지 않은 하늘.
깊은 숨을 들이마셨다.
내 호흡으로 깨어나는 아침.
커튼 틈 사이로 스며드는 빛.
식탁 위에 식지 않은 커피.
우연히 흘러나온 익숙한 노래 한 조각.
누군가의 위로는 아니었다.
말로 건네진 다정도 아니었다.
시간이라는 이름의 손길이었다.
조용했고, 꾸준했고
단 한 번도 멈추지 않았다.

회복이라는 말.
아직 낯설었다.
회복이라 하기엔
남아 있는 결들이 너무 많았다.

그래서 말 대신
숨을 들이마셨다.
움직이기 시작한 몸을
그저 느꼈다.
덜 아물었지만
예전보다 덜 흔들리는 마음.
넘어지지 않으려 애쓰지 않아도
잠시 그 자리에 머물 수 있는 감정.

버티는 것이 아니었다.
담담히 놓여 있는 것.
움직이지 않았지만
멈춘 것도 아닌 상태.

오늘이라는 시간 안에서
나는 그 자리에 내색 없이 있었다.

사라지지도 않았고
되돌아가지도 않았다.

다만,
비워진 자리 위에
다시 살아지는 중이었다.

아무 일도 일어나지 않은 하루

별일 없던 하루가
이토록 귀한 날이라는 걸 예전에는 몰랐다.

무언가를 이룬 것도 아니었고
기쁜 일도 없었고
기억할 만한 말도 없었다.
그런 하루가
어느새 조용한 위안이 되었다.

다친 사람 없었다.
울음소리 들리지 않았다.
하루가 얌전히 저물었다.
그 사실 하나로
마음 한켠이 놓였다.

의미 없어 보이던 일상이
어떤 날은 가장 든든한 배경이 되었다.
습관처럼 켠 전등.

익숙한 이불의 감촉.
식지 않은 밥 냄새.
말없이 돌아온 아이들의 가방.
빈 컵 옆에 놓인 티스푼 하나.

하루는 그런 것들에
정묘하게 구겨졌다가
다시 펴졌다.

별다른 사건 없는 하루가
고요하게 흘렀고
고요하게 끝났다.
아무 일도 없었다는 사실이
이토록 단단하게 나를 붙들 줄 몰랐다.

기억에 남을 일 없는 하루가
마음을 지탱하는 줄이 되어
내 몸을 어딘가에 붙들어 두었다.

고요한 날들 위에서
나는 아주 천천히, 다시 살아지고 있었다.

무언가를 극복한 사람처럼
보이고 싶지 않았다.
버텨낸 사람이라는 말을
입 밖으로 꺼내고 싶지도 않았다.

'견딘다'라는 말에는
힘이 실려 보였다.
그냥, 이렇게 남기고 싶었다.
살고 있다고.

'잘 지내?'라는 말에 대하여

아물었다고 믿었다.
잊혔다고 여겼다.
시간이 마음을 지나갔고
기억은 흐려진 줄 알았다.

어느 날
그 한 문장이 조용히 안쪽을 건드렸다.

잘 지내?

누군가는
인사처럼
습관처럼
아무 의미 없이 건넸을 것이다.

그 말 앞에서 오래 머뭇거렸다.
무슨 대답이 무엇을 증명하는지
어떤 말이 더 덜 아픈지

아직 잘 모르겠다.

괜찮다 말할 수 없었고
그렇지 않다 말할 수도 없었다.

그 말을 들을 때면
예전의 장면으로 돌아갔다.
그 시간의 빛
멈춘 숨
아무 일 없던 날들의 안쪽으로.
지금은 조금 다르게 머문다.

혼자 있는 시간은
텅 빈 것이 아니다.
사라진 사람들도
모두 슬픔이 되지 않는다.

다시 피지 않는 계절 속에서도
무너짐 없이 머무는 법을
천천히 익힌다.
그리움은 이름 없이

마음 어딘가 자리를 만들었고
말하지 않은 감정들은
뿌리내리듯 나를 다듬는 힘이 되었다.

오늘도
아직 가끔 아프지만
그 아픔을 데리고
기류처럼 살아간다.

아무 말 없이
아무 일 없는 얼굴로
누구에게도 들키지 않은 채.

그렇게
한 번 더
살아내고 있다.

잘 지내?
그 짧은 문장 앞에서
얼마나 많은 문장을 지웠는지 모른다.
보내려다 멈춘 손이

여러 번 화면 위에 머물렀다.

보낼 수 없었다.
그 말을 꺼낸 내가
더 깊이 흔들릴 것 같아서.

결국 보내지 못한 안부는
그 사람을 향한 마음이 아니라
나를 지키기 위한 벽이 되었다.

그 벽 너머에서
아무 일 없는 사람처럼
무사한 하루들을 쌓았다.

잊은 것은 아니었다.
지운 것도 아니었다.
다만
더는 묻지 않기로 한 감정
더는 대답을 기다리지 않기로 한 안부였다.

오늘도 그 말은
입술 끝에만 걸려 있다.
소리 없이
여러 번 생각만 되뇌다
다시 삼킨다.

잘 지내?

이제는 질문이 아니라
조용한 작별에 가까운 말.
보내지 않은 안부
남기지 않은 감정
그 모두가 내가 나를 지키는 방식으로
조용히 살아 있다.

일곱, 아직도 가끔 아프다

에필로그

'잘 지내?'라는
말에
대하여

잘 지낸다는 말은
오래 남은 질문이었다.
누군가에게 건네던 인사이기도 했고
내가 내게 묻던 안부이기도 했다.

그 말 앞에서
나는 늘 흔들렸다.
괜찮다고 말하면 거짓 같았고
아니라고 말하면 더 깊이 무너질 것 같았다.

많은 시간을 지나서야 알았다.
잘 지낸다는 건

흔들림이 없다는 뜻이 아니었다.
쓰러지지 않는다는 뜻도 아니었다.

그 말은
버텨낸 하루를 인정하는 말.
넘어져도 다시 일어났다는 증언.
아직 살아 있다는 가장 단순한 대답이었다.

그래서 이제는
누군가에게 묻지 않아도 된다.
누군가의 대답을 기다리지 않아도 된다.

나는 나에게 조용히 되묻는다.
오늘도 잘 지냈냐고.
울어도 괜찮고
무너져도 괜찮다고.

잘 지내는 일은
끝까지 완벽히 살아내는 일이 아니다.
그저 오늘을 건너는 일.
아주 단순하게

또 하루를 살아내는 일.

지금 이 문장을 쓰고 있는 나처럼.
당신이 이 문장을 읽고 있는 지금처럼.

잘 지내?

이제는 질문이 아니라
스스로에게 건네는 약속.
내가 살아 있음을 확인하는
가장 작은 기도.